箱根駅伝監督

人とチームを育てる、勝利のマネジメント術

酒井政人

KANZEN

箱根駅伝監督

人とチームを育てる、勝利のマネジメント術

はじめに

〝勝負〟はマネジメントで決まる

あの日から20年という月日が過ぎようとしている。

筆者は一度しか箱根駅伝を走ることはできなかったが、いまでも前の走者たちの汗がしみこんだタスキの感触、沿道にはためく小旗の音、ゴールテープを切った安堵感をハッキリと覚えている。

熾烈なレギュラー争いを制して、いかにメンバーに入り込むのか。そして、本番でどう活躍できるのか。箱根を目指しているときは、チームのことよりも、自分のことで精一杯だった。

しかし、スポーツライターとして取材を重ねるうちに、箱根駅伝を少し違う視点で見られるようになった。ランナーたちが繰り広げる〝勝負〟の裏には、指揮官たちの「マネジメント」が大きなウエイトを占めていることを知ったからだ。

陸上競技には特別な練習メニューというものがほとんどなく、一定レベルを超えると、選手たちがやっていることはほとんど変わらない。箱根を目指す学生ランナーなら、朝の6時前後から朝練習が始まり、10キロほどを走る。寮での朝食の後は、授業に出て、夕方から本練習だ。

練習メニューは時期によって少し変わるとはいえ、1万6000メートルのペース走、1000メートルのインターバル。20～30キロの距離走、ジョッグなどを組み合わせて、日々のトレーニングをプログラムしていく。

夏には高地や北海道など涼しい場所で合宿を行い、クロスカントリーコースやロードなどで走り込む。月間走行距離は多い月で1000キロを超えて、少ない月でも700キロメートルほどを走る。

ほとんど同じような努力をして、同じ数だけ汗を流して、同じように脚を酷使する。しかし、箱根駅伝で歓喜に包まれるチームがあれば、予選会で悔し涙を流すチームもある。努力の〝成果〟は同じではない。

その差はどこにあるのか。選手たちのポテンシャルに違いがあるとはいえ、指揮官たちの指導力、それとマネジメント能力の部分が大きい。

前回、第91回大会（15年）の箱根駅伝は、青山学院大学が歴史的な圧勝レースで新王者に輝いた。ビジネスマンだった原晋監督のマネジメントに注目が集まったが、箱根を目指す指揮官たちは皆、個性的で、しかも、大学のカラーに則したマネジメントを展開している。

本書は箱根駅伝で実力を発揮した有力大学の監督たちから話を聞いて、独自のマネジメントをまとめたものだ。まずは第89～91回大会（13～15年）を制した日本体育大学、東洋大学、青山学院大学の〝勝利〟の理由を解説。それから、駒澤大学・大八木弘明監督、東海大学・両角速駅伝監督、拓殖大学（亜細亜大学）・岡田正裕監督、中央学院大学・川崎勇二監督、拓殖大学・米重修一元監督、早稲田大学・渡辺康幸前監督（現・住友電工監督）の6名に取材をさせていただいた。

箱根路を沸かせてきた指揮官たちは、どんなマネジメント術を発揮してきたのか。本書を読めば、理解していただけると思う。そして、箱根駅伝をより深いところから観戦していただけるはずだ。

筆者は常々、スポーツはスポーツのためだけにするのはもったいないと思っている。青山学院大学の原監督ではないが、「スポーツとビジネスは同じ」ではないかと。勉強のための勉強、スポーツのためのスポーツではなく、箱根駅伝から他のスポーツやビジネスシーンなどのチームビルディングに生かせるヒントはたくさんある。また、人間形成という意味でも箱根駅伝は学生たちの成長を促すツールになっている。

1本のタスキをつないで217・1キロを駆け抜ける壮大なドラマから指揮官たちのマネジメント術を感じていただければ幸いだ。

箱根駅伝監督　人とチームを育てる、勝利のマネジメント術　目次

第1章

箱根駅伝を制した最新マネジメント

10区間217.1㎞で争われる箱根駅伝は学生ランナーたちにとって夢のステージだ。同時に真剣勝負の舞台でもある。指揮官たちはチームの戦力を整えて、「勝つ」ための戦略を練っていく。前年19位から驚異の“V字回復”で優勝をさらった日本体育大学、“山の神”が去ったチームで王座を奪還した東洋大学、箱根路を“軽やか”に駆け抜けて独走した新王者・青山学院大学。第89～91回大会（13～15年）の熱戦を振り返り、勝利の裏にあった“マネジメント術”に迫る。

日本体育大学

NIPPON SPORT SCIENCE UNIVERSITY

3年生主将指名が復活のきっかけに

写真/月刊陸上競技

マネジメントの極意

- 大胆人事でチームを引き締める
- シーズンの目標を明確にする
- 日々の生活の徹底化が大きな力になる

箱根山中には強い風が吹いていた

13年1月3日。東京・大手町に勝利の舞である「エッサッサ」が轟いた。日本体育大学の総合優勝は30年ぶり10回目。運命に導かれるような〝復活劇〟だった。

第89回大会の箱根駅伝は、連覇を目指す東洋大学と全日本大学駅伝を制した駒澤大学の〝2強対決〟が予想されていた。しかし、往路では強風が吹き荒れ、スピード駅伝は封印される。そこに急浮上してきたのが前回19位の日本体育大学だった。

「向かい風」という強敵がランナーたちを苦しめたが、この悪条件が日本体育大学には〝追い風〟になった。12月上旬に5日間の伊豆大島合宿を行い、定期便の船が欠航になるほどの強風のなかを走り込み、その〝経験〟が生きたからだ。往路メンバーの5人は「大島ではこの日以上の風でしたから」と口を揃えた。そして、風に負けない力強い走りを見せた。なかでも、5区服部翔大（現・Ｈｏｎｄａ）の快走は素晴らしかった。

箱根山中は強い向かい風。体温を奪われた中央大学と城西大学の選手がリタイアするほど過酷なコンディションだった。そのなか、服部は1分49秒先にスタートした東洋大学を、早稲田大学・山本修平（現・トヨタ自動車）とともに追いかけた。14・3キロ付近でトップに並ぶと、16・7キロ付近で山本を引き離す。そして、26年ぶりとなる往路優勝のゴールに飛び込み、後続に2分35秒という大量リードを奪うことに成功した。

突風のなかでもフォームを崩すことなく山を駆け上がった服部は、1年生のときから5区の有力候補に挙げられた選手。上りの適性はもちろんあったが、別府健至駅伝監督（当時）は服部が持つ〝ハートの強さ〟も高く評価していた。

「5区は気持ちが折れたら終わり。向かい風が強かったなかで、しっかり前を見据えて走ってくれました。心が折れない選手ですから、そういう意味でも上りに向いていたといえるでしょうね」

向かい風に阻まれ、服部の区間タイムは1時間20分35秒と伸びなかったが、区間2位に1分57秒という大差をつけた。その強さは突出していた。〝3年生主将〟の爆走で波に乗った日本体育大学は復路もスイスイと駆け抜けて、10回目の総合優勝のゴールを迎えることになる。圧倒的な区間賞を獲得した服部が最優秀選手賞にあたる「金栗杯」を受賞した。

優勝タイムは前年に誕生した大会記録を21分50秒も下回った。速さではなく、〝強さ〟が求められた大会を日本体育大学が制したことになる。予選会から勝ち上がったチームの総合優勝は2回目。前例は途中棄権の翌年に総合優勝を果たした第73回大会（97年）の神奈川大学だけで、途中棄権をカウントしなければ、前年19位からの優勝は史上最大のジャンプアップだった。

大島での合宿は8年ぶりで、本番の強風をシミュレーションしていたわけではない。そういう意味ではラッキーな部分もあっただろう。しかし、わずか1年での復活ストーリーには、サクセスの理由がある。前年19位と惨敗した日本体育大学・別府監督は〝大胆なマネジメント〟でチームを強化した。

3年生主将の指名が〝V字回復〟への第1歩

前年の大会で日本体育大学は歴史的な屈辱を味わっている。9度の総合優勝を誇っていた名門は、63年ものあいだタスキをつないできたが、64回目の出場で初めて「繰り上げスタート」の憂き目にあったからだ。そして、過去ワーストの19位（それまでの最低順位は13位）まで下落した。

危機的状況のなか、別府健至駅伝監督がすぐさまアクションを起こす。ゴールの大手町で沈んでいたチームに、当時2年生だった服部翔大を次期主将に指名したのだ。

「思い切ったことをしないと再建はできないと思いました。当然、反対意見も出ました。服部はやりづらい面があったと思います。しかし、チームを立て直すにはそれしかない」

先輩たちにもプライドはあった。「主将は4年生から出したい」と別府監督のもとへ直訴したが、指揮官は〝信念〟を貫いた。

「今までも当然、本気でやっていました。でも、『これまでとは違う』ということを感じてもらうために、あえて厳しい行動をとってきました。選手たちには、『オレが黒と言えば、白いものでも黒だ。そういう気持ちでやるからできないやつは辞めろ』とも伝えたんです」

なかには退部勧告をした選手もおり、指揮官の〝本気度〟がチームを変えた。

〝3年生主将〟となった服部翔大は、「正直、やっていけるのかなという不安もあったんです。でもチームメイトから、『オマエがキャプテンなら俺たちはついていくから』と言われて、やれるだけやってみようと思いました。ただ、チームのために自分ができることは精一杯走ること。結果を残せるような走りができるように頑張りました」と振り返る。

第89回大会で8区を任された高柳祐也は服部と同じ埼玉栄高校の出身。後輩の主将就任には複雑な心境だっただろう。しかし、別府監督の気迫を感じ取った4年生も覚悟を決めて、3年生主将を盛り立てた。

別府監督はチームの目標についても、明確な〝基準〟を設けた。「3月の学生ハーフは1時間4分以内と1時間5分以内を3人ずつ」「5月の関東インカレは長距離全種目入賞」「6月の全日本大学駅伝選考会はトップ通過」「10月の箱根予選会はトップ通過」「11月の全日本大学駅伝は3位以内」「1月の箱根駅伝は3位以内」という具合だ。

最初の学生ハーフは、「1時間5分以内に3人」という目標にあと2秒届かなかった。そのときにチームは話し合い、日々の生活も見直した。ターゲットを明確化することで、選手たちのモチベーションを維持して、目標到達度を高めていく。全日本選考会は2位通過、箱根予選会はトップ通過、全日本は4位と目標付近の成績を残した。そして、最後の箱根駅伝で目標を大きく突き抜けた。

名門・日本体育大学では初となる〝3年生主将〟を任命した別府監督だが、他に大きく改革したことはない。新たに体幹トレーニングを取り入れたとはいえ、日々の練習スタイルはほとんど同じ。挨拶、掃除、消灯など日々の生活を含めて、従来やってきたことをひとつずつ丁寧にこなしていった。「リノベーション」ではなく「徹底化」。別府監督は、「変わったのはちょっとしたところです」と言うが、小さな積み重ねを1年間続けたことで、

〝大きな力〟になった。

「第89回大会は、メディアから東洋大学と駒澤大学、それから早稲田大学が優勝候補で、明治大学と青山学院大学も上位候補に取り上げられていました。日本体育大学は蚊帳の外という状況でしたが、自分たちの走りをすることができれば、優勝のチャンスはあると思っていました」と服部。前回の箱根19位から全日本大学駅伝で4位まで浮上してきたチームの総合力に自信を持っていた。

3年生主将・服部の快走がクローズアップされるなかで、復路では3人の4年生が区間2位と好走。30年ぶりの歓喜には4年生のプライドも欠かせなかった。

東洋大学
TOYO UNIVERSITY

ライバル校の“裏”をかく
酒井戦術

写真/月刊陸上競技

写真/月刊陸上競技

マネジメントの極意

- 主力選手に新たなミッションを与えて準備する
- ライバル校が手薄な区間でタイムを稼ぐ
- チーム戦略を理解させて個々の役割を明確にする

〝山の神〟が去った東洋大学の敗因

第89回大会で往路の向かい風と5区服部翔大の前に屈したのが東洋大学だ。1区田口雅也（現・Ｈｏｎｄａ）は区間賞、2区設楽啓太（現・コニカミノルタ）は日本人トップ（区間3位）、3区設楽悠太（現・Ｈｏｎｄａ）は区間賞。1〜3区までは完璧な走りを見せたが、酒井俊幸監督は渋い表情を浮かべていた。序盤はトップを独走しながら、3区終了時で2位の駒澤大学に2分41秒差しかつけることができなかったからだ（4位の日本体育大学とは2分47秒差）。

その原因は「向かい風」にあった。スレンダーな設楽兄弟は向かい風のなかを独走で走らざるをえなかったが、2位以下のチームは集団をつくりながらレースを進め、他の選手を「風よけ」に使うことができたからだ。3区までに主力をつぎ込みながらも、思ったほどのタイム差を広げることができなかった東洋大学は5区で日本体育大学に大逆転を許すことになる。

それまでの4年間は、柏原竜二（現・富士通）という絶対エースがいたため、酒井監督は

５区で抜かれるという経験をしていない。〝山の神〟が去ったチームは、初めて５区の恐怖を知ることになる。５区に起用された定方俊樹（現・三菱日立パワーシステムズ長崎）は区間10位で走りながらも、圧倒的な区間賞を奪った服部翔大に４分28秒という大差をつけられた。

３区までにコツコツと貯めてきた２分41秒というリードは、たった一区間でいとも簡単にひっくり返されてしまう。この現実を知った酒井監督は翌90回大会（14年）に向けて大胆なコンバートを敢行することになる。

その布石となったのが第89回大会で、当時１年生だった服部勇馬を９区に起用したことだろう。実は１年生をこの区間に配置することは珍しい。なぜなら９区は復路の最長区間で、20キロ以上のレース経験が少ない１年生を抜擢するのはリスクを伴うからだ。しかし、酒井監督は、服部に近い将来、エース区間を任せたいという狙いがあったために、花の２区を逆走する９区を走らせている。

エースを5区に抜擢した東洋大学の本気度

第90回大会（14年）は前回覇者の日本体育大学、出雲と全日本を独走した駒澤大学、学生駅伝5大会連続2位の東洋大学の〝3強対決〟が有力視されていた。日本体育大学と駒澤大学はこれまでの戦いを踏襲したオーダーを組んできたが、東洋大学だけは違っていた。12月29日のオーダー提出では、2区に服部勇馬を書き込み、設楽啓太と設楽悠太のエースふたりを補欠に登録してきたのだ。そして当日変更で設楽悠を3区、設楽啓を5区に入れてきた。

このオーダーを見たときに、ライバル校の監督は驚いたという。一番のサプライズは設楽啓の区間だ。3年連続で2区を経験して、前回は日本人トップの快走を見せているエースを山上りの5区に配置したからだ。そして、2区には2年生の服部勇馬を抜擢。他校からすれば一見〝奇襲〟に見える「2区服部勇馬、5区設楽啓太」というオーダーだが、酒井監督は1年前から準備していた。

「服部勇馬は1年以上前から2区に起用したいと考えていたので、前年は9区を任せました。まずは駅伝での区間賞を取らせようと思って、出雲に関してはエース区間を外して、5区に起用しました。箱根の2区を走るためには序盤速い突っ込みも必要ですから、全日本は2区に起用して、箱根2区の準備をしてきました。第90回大会はエースとしての2区ではなく、『育成型』の2区ですね。

設楽啓太の5区も1年のプランで考えて、取り組んできました。それも服部勇馬の成長があってのことです。箱根駅伝では2区と5区がセットのような関係です。両輪がきちんと作動することで、レースがスムーズに進みます。ただし、啓太は軽量ボディですから、前回のような強風のなかでのレースになると、力を発揮するのは難しい。当日の天候を見て、復路にまわすことも考えていました」

前年のように強風が吹く可能性を考慮して、酒井監督は慎重にプログラムを組んだ。1月2日の早朝、芦ノ湖に風が吹いていないことを確認してから、当日変更に踏み切った。

「タイムを稼ぐ選手が今回は軽量ボディなので、追い風はいいですけど、向かい風になると不利でした。向かい風になれば、筋肉質のタイプや、膝を上げないフォームの低空で走るような選手のほうが向いています。風が強かった場合は別の選手を5区に入れるつもりでした。元日は芦ノ湖の遊覧船が強風のため運行中止になっていたので、これはまずいなと思いましたね。風が吹かないパターンのほうがウチとしては良かったですから」

ライバル校の〝裏〟をかく戦術でタイムを稼ぐ

第90回大会で最大の見せ場となったのが1区だ。1万メートルで日本人学生最高記録を保持する早稲田大学・大迫傑(現・NikeORPJT)の起用が予想されたこともあり、各大学がスターターにエース級を配置してきた。駅伝3冠を狙う駒澤大学は出雲と全日本の1区で区間賞を獲得した中村匠吾(現・富士通)を、前回覇者の日本体育大学は2年生エースの山中秀仁を起用した。対する東洋大学は1区に田口雅也、3区に設楽悠太を配置。エース同士のガチンコ対決を避けて、3区で勝負する作戦をとった。

「1区は非常にレベルの高いレースになることが予想できたので迷いましたね。田口は前年に1区で区間賞を獲得していますが、調子がなかなか上がってこなかったので、設楽悠を起用することも考えました。でも、12月中旬に1区田口のメドがついたんです。1区にエース級が集まると思ったので、その分3区が手薄になる。敵が薄いところを突くという意味では、3区悠太が有効打になってきます。1区を耐えて、3区で攻めるというオーダーを組みました」

1区は予想通り、早稲田大学・大迫が高速レースに持ち込んだ。ハイレベルの対決を日本体育大学・山中が区間歴代3位の1時間01分25秒で制すと、東洋大学・田口は21秒遅れの3位で鉄紺のタスキをつなげた。

東洋大学は2区服部勇馬も区間3位と好走。トップを奪った駒澤大学と26秒差の2位に浮上した。3区では当日変更で入った設楽悠が9キロ過ぎに駒澤大学を逆転して、前年に続いて、この区間でトップに立った。そして、55秒のリードを奪う。設楽悠は前々回の7区(区間新)、前回の3区に続く〃3年連続区間賞〃の快挙だった。

4区今井憲久は駒澤大学・中谷圭佑に21秒差まで迫られたが、5区設楽啓太が意地の区間賞をゲット。〃山の神〃が去り、鬼門となった区間を「エース」というカードを使って、乗り切った。

設楽啓の区間タイムは1時間19分16秒。日本体育大学・服部を1秒抑えての区間トップも、先輩・柏原が保持していた区間記録(1時間16分39秒)より2分30秒以上も遅かった。1万メートル27分台の走力を考えると快走したとはいいがたい。しかし、酒井監督は5区で「稼ぐ」というよりも、5区で「負けない」という新戦略で思惑通りに〃往路優勝〃を勝ち取ったのだ。

「5区は走力と適性以外にも、覚悟や気持ちも大切な要素です。啓太に5区をやらせたかった理由は、山を走るためには入念な準備が必要になるからです。前年度まではやっていないような筋トレも取り入れていましたし、この1年間ですごくトレーニングをやりましたよ。1年前に『5区に使うぞ』と言ったときに、心のもうひとつのスイッチが入ったからです。彼の今後のことを考えても、箱根駅伝で1番厳しいコースをやらせることは意味のあることです。

啓太の2区1時間6分台も見たかったですけど、2区は3回もやっています。5区で新たな面を開拓してほしかったですし、チームにとってもあの区間を任せられるのは彼しかいませんでした。1時間21分台で走る力のある選手でも、失敗したときに大きく遅れてしまうリスクがありますからね。啓太なら確実にまとめてくれると信じていました」

上り坂がそれほど得意ではなかった設楽啓太だが、主将とエースの意地で天下の険を駆け上がり、チームに勇気を与えた。

総合優勝のために往路優勝を狙う布陣で勝負した

学生駅伝で5大会連続「2位」を経験してきた東洋大学は、箱根駅伝で「総合優勝」を狙うために攻撃的な戦略を考えていた。全日本大学駅伝は駒澤大学に4区でトップを奪われたあと、反撃することができなかった。その反省を生かして、レースの〝主導権〟を握るために、往路に主力をつぎ込む準備をしてきたのだ。

「総合優勝をするためには、往路優勝が大前提だと考えていました。それは駒澤大学、日本体育大学、早稲田大学も同じ考えだったと思います。ライバル校が往路優勝を取りに来ていたわけですから、そのなかでどうやって往路を制することができるのか。我々は出し惜しみなく、主力をすべて往路に並べようと考えました。全日本の直後に、『箱根では往路を勝ちにいくぞ！』ということを4年生に伝えました」

酒井監督は、設楽啓太・悠太、田口雅也、服部勇馬の4人を往路に起用することを早い段階で決断した。チーム内に往路から「攻めるんだ」という雰囲気をつくると同時に、復路候補の選手たちには、「自分たちがやるしかない」という覚悟を促した。

ライバル校は復路にエース1枚を残していた。駒澤大学は窪田忍（現・トヨタ自動車）を、日本体育大学は矢野圭吾（現・日清食品グループ）を9区に配置。大逆転の可能性を考えたオーダーだった。対する東洋大学は復路にエース級の選手は残っていない。往路で稼いだ「59秒」の貯金を生かして逃げ切るしかなかった。

東洋大学は6区日下佳祐（現・日立物流）がチーム最高記録を塗り替える59分04秒（区間4位）で駆け下りて、駒澤大学から18秒の貯金を奪取。リードを1分17秒に拡大した。独走態勢に入った鉄紺軍団は、7区服部弾馬、8区高久龍（現・ヤクルト）が連続区間賞。それぞれ区間歴代7位（当時）、同4位という快走で、リードを3分40秒に広げた。9区上村和生も区間4位と好走。最後はアンカー・大津顕杜（現・トヨタ自動車九州）が区間記録にあと9秒と迫る歴代3位の1時間9分08秒の区間賞で締めくくった。チームは前々回大会の記録を1分13秒更新する5時間25分38秒の復路新を樹立し、大津はその立役者として「金栗杯」に輝いた。総合記録でも大会歴代2位となる10時間52分51秒。2位駒大に4分34秒の大差をつける圧勝レースで、学生駅伝5大会連続「2位」の雪辱を果たした。レースの数週間後の取材時に、酒井監督は箱根駅伝の圧勝を次のように語っていた。

「往路で59秒差は想定通りです。ただ、選手たちには『59秒』とは言いたくなかったので、

『1分もリードがあるぞ』という言い方をしました。59秒と1分では、感覚的に違いますからね。6区日下は全日本を経験していますし、1万メートルのタイム（29分01秒05）もいい。最後のきついところで、4年生は踏ん張りますよ。ここで駒澤大学から18秒の貯金を奪ったことで、後続のチームは東洋大学の背中が見えなくなった。日下の好走が7区と8区の連続区間賞をアシストしたと思います。

完全に主導権を握ることができれば、終わったときには実力以上のタイム差がつくこともあります。どうしても箱根は1区間のウエイトが大きくなる。90回大会は、選手層の厚かった区間で差をつけて、次の区間の戦意を奪いとることができたと思います。全日本では1区間で1分差はなかなかつかないですけど、箱根では1区間で1分差は平気でつきますからね。今回は1区、2区、3区、5区を押さえておかないと往路は勝てない。東洋大が往路に主力を投じることができたということは、他の選手たちも非常に頑張ってくれたお陰です。最終的には選手層の厚さが生きたと思います」

東洋大学は「1秒をけずりだせ」という言葉を胸にトレーニングを続けてきた。そして、箱根駅伝でも選手たちは1秒をけずりだした。その結果、2位駒澤大学に4分34秒という大差をつけて、2年ぶりの〝箱根王者〟に返り咲いた。

青山学院大学

AOYAMA GAKUIN UNIVERSITY

「ビジネスマン監督」だから導けた、独走レース

写真/月刊陸上競技

マネジメントの極意

- ビジネスとスポーツは同じ
- 弱い原因を取り除けば強くなる
- 毎年の成長がチームの総合力になる

青山学院大学に〝新・山の神〟が降臨

前回の第91回大会（15年）は、全日本大学駅伝で4連覇を達成した駒澤大学がダントツの優勝候補だった。前回覇者の東洋大学、全日本2位の明治大学、2区と5区に好選手を揃えていた早稲田大学、それと青山学院大学も上位候補。駒澤大学がもたつくと〝5強〟の戦いになることも予想されていた。

この大会で〝旋風〟を巻き起こすことになる青山学院大学は、第89回大会で8位、第90回大会で5位（過去最高タイ）と順位を上げてきた大学だ。11月の全日本大学駅伝は過去最高の3位に入るなどイケイケの状態で、そんなチームに〝山の神〟が降臨した。

優勝候補の駒澤大学が最初に小田原中継所を通過すると、その46秒後に神野大地が走り出す。この時点で青山学院大学の選手たちは、「往路優勝」を確信したという。

ヒーローはどこに潜んでいるのかわからない。それが箱根駅伝の魅力であり、魔力だ。身長164センチメートル、体重43キログラム。力強さとは対極の男が、山を前に〝巨人〟と化した。

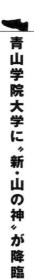

神野は前回5区で1時間19分54秒(区間3位)と好走している駒澤大学・馬場翔大を相手に、じわじわと近づいていく。まずは5キロで7秒詰め寄り、38秒差に短縮した。そして、本格的な上りが始まると怒涛の走りを見せる。

カーブが続く箱根山中。1号車の映像で神野の姿がチラッと映ると、ひとつのコーナーを抜ける度に、その姿が大きくなった。大平台(9・6キロ地点)で10秒差。10・2キロで早くも追いついた。しばらく馬場の背後についたが、「ペースが上がりそうな雰囲気がなかったので、仕掛ければ絶対についてこられない」と神野は10・4キロ過ぎにスピードアップ。あっさりと馬場を引き離すと、初の往路優勝と〝伝説の記録〟を目指した。

神野の目標タイムは「1時間17分30秒」だったが、頭の片隅には別の数字があった。東洋大学・柏原竜二(現・富士通)がマークした「1時間16分39秒」だ。5区が最長区間になって、1時間18分を切った選手はひとりだけ。「山の神」と呼ばれた男の記録に挑んだのだ。

「柏原さんが区間記録(当時)を出したときのラスト5キロが14分37秒くらいで、すごく速かったんです。でも、頂上を上り切ったところで、監督から『区間記録よりも20秒速いぞ』と言われたときに、『いけるぞ!』と思いました」

最後は両手を広げて、フィニッシュテープへ飛び込んだ。腕時計を止めると右の拳を真っ青な空に向かって突き上げる。青山学院大学として初の往路優勝となる歓喜の瞬間には、さらなるサプライズが付随した。神野が1時間16分15秒という信じられないタイムを刻んだからだ。

函嶺洞門の通行禁止に伴い、早川を渡るバイパス道路を通るため今回から一部コースを変更した。距離の再計測により、従来の23・4キロから23・2キロになったが、実際は従来の距離よりも約20メートルも長いコース。柏原が樹立した1時間16分39秒の区間記録は参考扱いになるとはいえ、神野は間違いなく〝神〟の記録を超えたことになる。

柏原は闘志をむき出しにして、足を地面に叩きつけるようなダイナミックな走りで、山を駆け上がったが、神野の走りはまったく違った。軽量ボディを生かして、スイスイと泳ぐように坂道を進んでいった。原監督は夏合宿での神野の走りを見て、5区に起用することを考えたという。しかし、神野本人は、自分のポテンシャルに半信半疑だった。実は上り坂が不得意だったからだ。レース後に小さなヒーローはこんなことを話していた。

「高校時代から坂道は苦手意識があったんです。坂ダッシュなんて遅いですよ。でも、箱根5区のように上り坂が続くようなコースは、山の適性よりも、我慢強さが一番ポイントになると思っていました。僕は速いペースで上ることはできませんが、上りはキロ3分30

秒～4分00秒くらいなので、そのペースなら我慢できる。それに体重は軽いほうが、ダメージは少ないはずです。自分は体重が43キログラムなので、53キログラムの選手は10キログラムのダンベルを持って走っていると思えば、有利になりますからね。我慢強さには自信があったので、そこは柏原さんよりも上だったのかな。

5区はすごく走りたかったわけじゃないですけど、近年は5区を走れたチームが総合優勝していいます。監督から『5区で快走したら国民的ヒーローになれるぞ!』と言われていたので、チャンスだと思いました。往路優勝のテープを切るというイメージが現実になりましたが、まだ夢なんじゃないかと思うくらいうれしいです。スタート前の召集時に『ジンノ』と呼ばれたんですけど、これで少しは知名度が上がりましたね(笑)」

〝新・山の神〟の出現は、青山学院大学に新たなる〝伝説〟を呼び込むことになる。

コードネームは「ワクワク大作戦」

原晋監督が、「ワクワク大作戦」という楽しげなテーマを掲げて、青山学院大学は20回目の箱根駅伝に出場した。そして、フレッシュグリーンのタスキは、次々と〝快挙〟を達成していく。217・1キロの道のりは、青山学院大学にとってワクワクの連続だった。

快走劇はエース級ランナーが集結した1区から始まった。青山学院大学は当日変更で久保田和真が入り、過去最高となる2位で鶴見中継所に姿を現した。久保田は駒澤大学・中村匠吾(現・富士通)と1秒差の区間2位。絶好のスタートになった。

花の2区を任された一色恭志もクレバーな走りを見せた。一時は5位に後退するも、終盤にペースを上げて、トップに浮上した東洋大と13秒差、2位駒澤大学と同タイムの3位でタスキをつなげたのだ。

レース前、原監督が「往路優勝のポイントとなる区間」と話した3区は、学生駅伝とインカレの経験がない渡邉利典が抜擢された。持ち味である「マイペース」を貫き、順位変動の激しい区間で3位をキープした。

4区は激しいレギュラー争いの末、原監督からレース前日に指名された1年生の田村和希で、10キロメートルを29分11秒で通過した。「区間新を狙えるぞ。区間記録の筆頭だ!」と運営管理車に乗る原監督から声がかかると、ペースが上がる。最後は、終盤で2位争いを演じた明治大学を突き放した。トップを走る駒澤大学のルーキー工藤有生が区間記録を3秒塗り替える54分31秒をマークするが、青山学院大学のルーキーがその記録をさらに上回る54分28秒の区間新を叩き出した。

4区までに主力を並べてきた駒澤大学とのビハインドは46秒。5区に神野大地がいて、復路に1万メートル28分20秒台の藤川拓也(現・中国電力)と小椋裕介を残していた青山学院大学にとっては、悠々と逆転できるタイム差だった。勝負は4区までについていたといってもいいだろう。原監督は往路の戦いをこう振り返った。

「1区の久保田は想定通り。2区の一色もある意味想定通りですけど、まだ2年生なので、よく頑張りましたよ。3区と4区は往路のポイントだと思っていましたが、3区の渡邉は想定以上。4区田村は少し不安もあったんですけど、10キロ以降の走りを見て、往路優勝を確信しましたね。5区の神野はもちろん想定以上の大満足。マックスでも1時間17分30秒だと思っていたので、ワクワク度が振り切れましたよ」

往路で2位以下に4分59秒以上もの大差をつけた青山学院大学だが、「守りに入ることはしたくない」と原監督。復路もアクセルを踏み続けて、圧巻の〝独走劇〟を披露する。

6区は2年連続となる村井駿が前回の記録を2分30秒も短縮する区間2位。7区は3年連続となる小椋裕介が、区間歴代3位となる1時間2分40秒でダントツの区間トップを奪った。8区高橋宗司も前々回大会(8区)に続く区間賞を獲得した。

当日変更で9区に入った藤川拓也は5000メートル（当時）&1万メートルの青山学院大学記録保持者らしいスピードで突き進み、区間記録にあと3秒と迫る1時間8分04秒（区間歴代2位）の快走。最後は10区安藤悠哉が快調に歩を進めて、フレッシュグリーンのタスキをチームメイトが待つ大手町に届ける。「ユウヤコール」に沸く歓喜のゴールに飛び込んで、〝独走レース〟を完結させた。

第91回大会で青山学院大学が見せたレースは〝異次元〟のものだった。5区と6区の一部が変更されたため新コースとなるが、総合タイムは10時間49分27秒。12年に東洋大学が樹立した従来の大会記録を2分以上も短縮。後続には平成以降で最大となる10分50秒という大差をつけたからだ。復路は5人全員が区間2位以内（3人が区間トップ）で、3区以降のすべての区間で大学記録を上回った。

しかも、青山学院大学の過去最高順位は5位。箱根駅伝の歴史のなかでトップを走ったことは一度もなかった。そんな大学が一気にチャンピオンチームへと大躍進する。快挙を成し遂げた選手たちも驚きを隠せなかった。「4年間を振り返ると、最初の方は泥臭い思い出ばっかりでしたけど、最後の箱根で奇跡のようなレースができて本当に最高です」と8区を走った高橋は話していた。

そして、〝奇跡のようなレース〟を可能にしたのが、「ビジネスマン監督」のマネジメント術だった。

ビジネスマンとしても通用する人間を育成したい

青山学院大学陸上部は創部97年以上の歴史を誇るが、箱根駅伝は前回の第91回大会が7年連続20回目の出場だった。本格強化は原晋監督が就任した04年。筆者は当時、申し訳ないが「なんて中途半端な強化策なんだ」と残念な気持ちになった。その理由は青山学院大学というブランド校にも関わらず、監督に就いた原晋が陸上界でメジャーな存在ではなかったからだ。

同じ時期に、箱根駅伝を目指す上武大学は、二度のオリンピックを経験している花田勝彦に駅伝監督の座を託している。栄光の〝日の丸ランナー〟と比べると、原のキャリアは霞んでいた。しかも、中京大学出身の原は箱根駅伝を経験していない。アオガクの本気度を疑った。

しかし、原晋という男は結果を残す。それも、ビジネスマンの〝手法〟を使って。

原は駅伝の名門・世羅高校の出身。3年時にはキャプテンを務めて、全国高校駅伝で準優勝している（原は4区で区間2位）。中京大学3年時には日本インカレ5000メートルで3位に入り、大学卒業後は中国電力の陸上部一期生として入社した。だが1年目に右足首を捻挫。5年で陸上部員の特権を剥奪され、その後は、ビジネスマンとして再出発することになる。

「陸上部を退部した後は営業所に配属され、さらに下のサービスセンターにまわされました。そこが人生のどん底だったかな。同期の連中は本社でバリバリ仕事をしているのに、僕は一番下の場所でしたから。当時は本店、支店、営業所、サービスセンターという序列でした。そこで一念発起したんです。こんなところで人生を終わりたくないと。なんとしても、会社員として大成したかったんです」

中国地方の「王様」というべき優良企業のどん底から原は這い上がる。配属された営業所では、省エネ空調設備〈エコアイス〉で一番の売り上げを記録。「そこから人生が変わり始めたかな」と原。その後、住宅関係の新事業でもメキメキと業績を上げた。そして、中期経営計画に伴う人事異動で、地方の営業所から本社に返り咲くという〝仰天人事〟を経験。いつしか、「伝説の営業マン」と呼ばれた。

10年間のビジネスマン生活を経て、原は青山学院大学の監督に就任。ビジネスのスキルを学生スポーツに生かすことになる。

原は監督就任にあたり執行部の前で、「3～5年で箱根駅伝出場、8年でシード権獲得、10年で優勝を争えるチームにします」というプレゼンをした。筆者は原が就任2年目の青山学院大を取材しているが、「ビジネスマンとしても通用するような人間を育成したい」と熱っぽく語っていたことを強く記憶している。しかし、組織づくりは順調とはいえなかった。

「当時は茶髪にピアスがいましたし、お酒を飲んで救急車で運ばれるのもいた。ギャンブルを禁止にしても、なんか音がするなと思って見に行くと、パチンコ台を寮の部屋に持ち込むヤツもいたんです」

そんな状況のなかで成果は上がるはずがなかった。箱根予選会の結果は初年度から16位、13位、16位と推移。就任前の2年間がともに17位ということを考えると、その成長率は微増だった。

3年目の予選会で惨敗したことで、陸上部は解散の危機に迫られた。それでも原の指導は確実に浸透していた。当時の3年生が「最後の1年を原監督とやりたい」と大学側に直訴したこともあり、原のチャレンジが継続されたのだ。

就任4年目の予選会では11位と本戦出場にあと1歩のところまで迫ると、08年には予選会を突破。33年ぶりに箱根出場を果たした。10年大会では41年ぶりにシード権を獲得。その後は大学ブランドもあり、徐々に全国トップクラスの選手も入学するようになった。11年には相模原キャンパス内に、400メートルのオールウエザートラックが完成するなどハード面も整った。

「苦労したのは最初の5年。箱根に初出場するまで。何ごとも土壌づくりが大変ですから。軌道に乗ってしまえばそうでもない。重い球が転がった感じですよ。強化1期生からできることの半歩先を見つめながら、取り組んできたんです。少しずつ積み上げることができれば、当たり前ですけど、1年ごとにベースアップします。青学大陸上部に入部すれば、ほぼ全員が自己ベストを更新できる。その集大成が箱根駅伝の優勝につながると思っていました」

第91回大会では登録選手上位10人の1万メートル平均タイムが2位（28分48秒）。前年の8位（29分03秒）から15秒も上げてきた。そこに〝新・山の神〟が出現。ダークホースだった青山学院大学は過去最高5位から一気に「箱根王者」の座をさらった。

弱い原因を取り除けば強くなる

「そもそも箱根で何かを成し遂げたいという思いはないんですよ。どちらかというと原晋という男の存在価値を認めてもらいたいという気持ちのほうが強かった。僕は陸上の原じゃなくて、ビジネスマンの原が近いかな。箱根は興味がなかったですし、観てもいなかった。それでも、やればできる。監督就任当時は研究しましたよ。なぜ弱いのか。まずは弱い原因をピックアップして、それを取り除けば、強くなれる。トレーニングうんぬんよりもマネジメントですよ」

原が他の指揮官と比べて、ひとつだけ明確なアドバンテージがあった。それは、「陸上しかやってない人とは違う」という〝自信〟だ。それはチームのマネジメントにもつながっていく。

初年度からビジネスマン時代の習慣だった「目標管理シート」を活用。1年間の目標はもちろん、1カ月ごとの目標、それから週の目標などをA4用紙に書き込み、6人ほどのグループミーティングで進捗状況などをチェックしてきた。どんな小さな大会でも、必ずそのときの状態に応じて目標を設定させて、その到達度も確認させた。日頃から目標を明確化することで、「管理の徹底」を積み重ねてきた。

「陸上の指導もビジネスに当てはめただけですよ。中身が違えども、やり方は共通する部分があると思います。人として、男として、自立させる。それが私の指導理念です。少しずつ積み上げることができれば、1年ごとにベースアップします。その集大成が箱根駅伝の優勝につながると思っていました。青学大は大きなブレーキがあまりない。これも日頃の目標管理を徹底していることの成果だと思います。監督が言うから走る、ではダメなんです。本質を追求する力を大切にしてきました」

選手たちにアオガクの強さの理由を尋ねると、真っ先に、「明るいチームだからです」と返ってくる。毎日の朝食に差し入れの御菓子が出るのは青山学院大学くらいで、ストイックな重苦しさはまったくない。それは選手たちの印象からも感じることができるだろう。

8区で区間賞を獲得した高橋宗司は、こんな話をしてくれた。

「沿道の声援に応えて手を上げれば、『よし、いけるぞ!』と声を掛けてくれるのが原監督です。他の大学では絶対にないでしょうし、そもそも監督が怖くて、そんなことできないと思うんですよ」

第91回大会(2015年)で初の総合優勝に輝いた。
写真/月刊陸上競技

大学の雰囲気と箱根路を軽やかに駆け抜ける姿から、「アオガクはチャラい」と言われることもあるが、原はこう返す。

「宝塚歌劇団と一緒ですよ。舞台の上では着飾っていますけど、裏では泥臭いことをしている。寮の消灯は22時ですし、朝練習は5時30分から。僕も毎朝5時に起床しています。だから、チャラくてもいいんですよ」

青山学院大学が強くなった背景には、大学ブランドを生かしたスカウティングの成功も大きい。特に現在の4年生は、久保田和真、小椋裕介、渡邉心、神野大地など全国大会で活躍した選手たちが大量に入部した。しかし、就任当初は、獲得した選手に苦労させられたという。

「当初、タイムを見て選手を獲得したことで、チームカラーに合わない、本気で箱根を目指していない、アオガクが華やかで遊べるんじゃないかと内心思っているような選手がいたんです。チーム運営に大きな障害をもたらした時期があって、陸上部が崩壊しかけた。その反省から、3年目以降は素直で、表現力が豊か、自分の頭で考えることができる。アオガクで頑張ろうという選手ですね。陸上選手という以前に、アオガクのカラーに合う学生を採るようにしました。

記録が良くて、本人が希望していたとしても、ピンとこなかったら断ります。そうしないと双方が不幸になる。チームとしては強い選手を入れることを目標にしているわけではなく、入学後に活躍できる選手を入れたい。弱いチームに強い選手は来てくれないから、無駄な行動はしない方がいいですよ。予選会を通過できないチームが優勝を目指しましょう、というのは無理がある。ひとりだけ5000メートル14分10秒ぐらいの選手が入ることほど面倒くさいことはない。他が15分台前後だったりして、バラつきがあるよりは、15分前後の選手10人をしっかり育成して、まずはシード権を獲得する。そうすれば、おのずとそのレベルに合う選手が来てくれます。だから、優勝を狙えるチームをつくるには時間がかかるんです」

箱根が終わった後の公開練習で、記者に囲まれた原はこんなコメントも残している。

「来年の箱根ですか？　1回勝ったぐらいで、と言われるかもしれませんが、普通にやれば楽勝ですよ（笑）」

記者へのリップサービスの部分もあっただろう。しかし、半分は〝本気〟だ。

第2章

トップを目指す組織のマネジメント

勝つことは難しく、勝ち続けることはもっと難しい。それが学生スポーツとなれば至難の業だ。4年間で入れ替わる選手たちを育成して、1年ごとに新たなチームをつくる。そのなかで、駒澤大学・大八木弘明は、箱根駅伝4連覇を含む大学三大駅伝で21のタイトルを獲得。高校長距離界のカリスマ指導者だった東海大学・両角速は、箱根から世界へ飛び出した佐藤悠基、大迫傑らに特別な指導をしてきた。大八木、両角の両監督から"トップを目指す組織"をマネジメントする極意をひも解く。

駒澤大学

KOMAZAWA UNIVERSITY

常勝軍団形成の秘訣 箱根勝利のための 繊細なチームづくり

大八木 弘明

［駒澤大学 陸上部監督］

1958年、福島県生まれ。実業団生活を経て、24歳のときに駒澤大学に入学。昼は川崎市役所で働きながら、チームの大黒柱として活躍する。箱根駅伝では第60回大会（1984年）の5区、第62回大会（1986年）の2区で区間賞を獲得した。大学卒業後は、ヤクルトに入社。コーチ兼選手として実業団生活を送ると、1995年4月から母校・駒澤大学陸上部のコーチに就任する。エース藤田敦史を擁して、わずか数年で低迷していたチームを学生駅伝の〝主役〟に押し上げた。その後も〝駅伝王者〟として君臨して、箱根駅伝では4連覇を含む6度の総合優勝。2004年に監督に就任し、駒澤大学の指揮官として、2014年シーズンまでの20年間で、大学三大駅伝で21のタイトルを獲得している。

駅伝王者が最も得意とする、全日本大学駅伝

「負けるな、男だろ！」。そんな掛け声が選手たちのハートに響かないわけがない。大八木弘明監督の〝気迫〟と〝オーラ〟を吸収するかのように、藤色のタスキを運ぶ選手たちは力強い走りを見せている。レース中に垣間見る熱血漢の姿とは対照的に、大八木の指導や戦術は非常に繊細だ。常勝軍団・駒澤大学をつくった男は、苦労を積み重ねて、華やかな学生駅伝で「名将」と呼ばれるようになった。

そのキャリアは現役監督のなかで圧倒的な輝きを放っている。大八木が駒澤大学の指揮官になって、今年（15年度）で21年目。14年シーズンまでの20年間で、大学三大駅伝で21のタイトルを獲得した。最初の優勝はコーチ就任3年目（97年）の出雲駅伝だったことを考えると、2年間で優勝を狙えるチームをつくり、その後の18年間、トータル53回の大学三大駅伝で約39パーセントという奇跡的な勝率を誇る（14年の出雲駅伝は台風の影響で中止）。

なかでも駅伝王者・駒澤大学が最も得意としているのが、11月に行われる全日本大学駅

伝（以下、全日本）だ。前回（14年）までに4連覇中で、史上最多12回の優勝に輝いている。まずは、駒澤大学がなぜ全日本に強いのかを解き明かしたい。

11月上旬に開催される全日本は8区間106・8キロで争われる。箱根駅伝（10区間＝217・1キロ）と比べると、ひとり当たりの距離が短い。最終8区は19・7キロという長丁場だが、駒澤大学は〝先手必勝〟ともいうべき戦略で優勝を積み重ねてきた。

「全日本は前半勝負という思いが強い駅伝です。そのため、エースたちの状態が重要になります。エースが快走してくれれば、『流れ』をつくりやすくなる。どのようにして、流れを引き寄せるのか。それは指揮官の感覚だと思います。

初優勝の頃は1区（14・6キロ）よりも2区（13・2キロ）にエース級を置いていました。1区はライバル校と僅差で来てくれればいいという考え方だったので、特に区間賞は重視していなかったんです。ただ、近年はどの大学も選手層が厚くなっているので、1区から攻めていかないと厳しい。昔と今はちょっと違いますね」

駒澤大学の1区区間賞は04年の佐藤慎悟と13年の中村匠吾（現・富士通）、14年の村山謙太（現・旭化成）の3回。そのなかで、04年と14年は1度もトップを譲らない完全優勝だった。他大学は1区にエース級を起用しても出遅れることもあるが、駒澤大学は1区でミスはしない。

「それは選手の状態とレースをしっかりと読んでいるからだと思いますね。昨年（14年）は村山と中村が1区の候補でした。中村の調子も上がっていたので、ついていくという考えなら、中村でも十分でした。ただ、城西大学の村山紘太（現・旭化成）が1区に来ると思ったので、ペースの上げ下げがあるかもしれない。不安があれば、不安のない選択をしないといけません」

前回の全日本はエース村山謙太が〝兄弟対決〟を0秒差で制して、トップ中継。2区中谷圭佑で抜け出すと、4区中村が区間賞の快走で早々と勝負を決めている。

駒澤大学はエースの力で流れをつかんできただけでなく、3区や6区など計算していた区間を確実に抑えてきたことも強さの秘密だ。

「1区と2区はどの大学も強い選手を配置しますが、3区（9・5キロ）は『つなぎ』のイメージ。そこでもう1回加速できれば、流れをつかむことができるんです」

大八木がポイントにしてきた3区は、唯一10キロを切る最短区間だが、駒澤大学の強さが凝縮されている区間でもある。揖斐祐治が3年連続（99〜01年）で区間トップ。油布郁人（現・富士通）に関しては4年連続（10〜13年）で区間賞を奪っている。

「3区は前回は箱根駅伝の6区を経験している西澤佳洋（現・小森コーポレーション）を入れて成功しました。油布も上りより、下りのほうが向いていましたからね。走力だけでなく、選手の性格的な部分を見抜くことも大切です」

また駒澤大学は3区以上に、6区（12・3キロ）での区間賞獲得率が飛び抜けている。区間トップは大八木体制になり、10年連続を含む12回。もちろん、たまたまではなく、意図的に強い選手を6区に配置してきた結果だ。

「5区（11・6キロ）はコースが平坦ですし、気持ち的にも楽な区間です。5区だけでなく、7区（11・9キロ）にも経験の少ない選手や不安のある選手を入れることが多いので、だからこそ6区には確実に走れる選手を入れておきたいのです」

全日本は、箱根や将来に向けた〝育成〟や〝テスト〟の意味合いも

全日本は最終8区を除けば、15キロ以下の区間で構成されるためスピードが欠かせない。それでも、箱根駅伝を見越して、「25キロ走」などの距離走を入れて、「20キロの感覚」をつかんでおくという。全日本といえども、箱根に向けての〝育成〟や〝テスト〟の意味合い

も強い。そのなかで駒澤大学は勝ち続けてきた。

「全日本といえども、1年生を含めた箱根未経験の選手たちを正月に向けて準備していく必要があります。前回は其田健也を外していますし、ベストメンバーではありません。1年生だった工藤有生を試しましたし、箱根未経験の黒川翔矢（現・JR東日本）がどういう走りをするか。箱根に向けてチェックしました」

育成しながらも勝ち続ける。ふたつのことを同時進行で継続してきたのが駒澤大学だ。もう少し付け加えると大八木の指導は、大学卒業後の近未来も意識している。

「私のなかでは、全日本はニューイヤー駅伝（7区間／100キロ）と似たような感覚があるんですよ。その〝感覚〟を大切にしてほしいと、選手たちには指導しています。ニューイヤー駅伝に出場しているOBは駒大が一番多いんじゃないでしょうか。

箱根の20キロはスタートからペースを守って走るのが基本です。箱根とニューイヤー駅伝を同じ感覚でとらえていると、箱根で活躍できても、実業団では通用しません。ニューイヤー駅伝は突っ込んで入らないと活躍できませんからね。言い方を変えると、実業団でも戦える指導を心がけています。

駒澤大学に『2位』はないので、『優勝』にこだわっています。ただ、全日本は箱根への通過点ですし、箱根も将来のための通過点。世界選手権には何人も出ていますし、オリンピック選手も育てたいと思っています」

4連覇時代は、「箱根の勝ち方をわかっていた」

駒澤大学は全日本だけでなく、箱根駅伝でも第78回〜81回大会（02〜05年）で4連覇の金字塔を成し遂げている。当時のチームには〝絶対的なエース〟がいなかったが、大八木は全日本と同じように〝勝つためのストーリー〟を明確に描いていた。

「当時、凄い選手はあまりいなかった。松下龍治ぐらいかな。反対に安定感のある選手をいっぱい育てましたね。4連覇したときは選手層の厚さが強さの源だったので、『つなぎ』で攻めることができたチームでした」

箱根駅伝は就任3年目の第74回大会（98年）で過去最高の2位に食い込んでから、4連覇を達成した第81回大会（05年）までの8年間ですべて2位以内。第76回大会（00年）以降の6年間では、5度の総合優勝に輝いている。選手が4年間で卒業する学生スポーツで、しかもひとりのブレーキが致命傷となる箱根駅伝では〝神業〟ともいうべき勝率だ。この時期の駒大は完全に〝勝利の方程式〟を確立していた。大八木自身も、「箱根の勝ち方がわかっていましたね」と話す。

この時代は山上りの5区が最長区間になる直前。駒澤大学は往路をトップが見える位置で折り返して、選手層の厚さで優位に立つ復路で逆転するというのが勝ちパターンだった。4連覇を果たしたときには、そのうち3回が復路での逆転優勝だった。

4連覇時代の戦いを少し振り返ってみよう。

第78回大会（02年）は往路を23秒差の2位で折り返すと、6区吉田繁でトップを奪取。7区揖斐祐治で後続を突き放して、9区高橋正仁がダメ押しの区間賞を奪って逃げ切った。第79回大会は往路で山梨学院大学に1分39秒差をつけられたものの、復路で徐々に詰め寄り、8区太田貴之で逆転。8〜10区は3連続区間賞の走りで強さを見せつけている。

往路でトップに立った第80回大会は、復路も制しての独走優勝だった。3区佐藤慎悟でトップを奪い、4区田中宏樹（現・中国電力）が区間賞で後続を引き離す。5区村上和春も好走して、往路で3分26秒という大差をつけた。第81回大会は往路で東海大学と30秒差の2位。7区糟谷悟（現・トヨタ紡織）でトップに立つと、9区塩川雄也（現・SUBARU）が区間新（当時）の快走で勝負を決定づけた。

田中と塩川は4連覇をすべて経験した選手。ふたりとも個人としては学生トップレベルの選手ではなかったが、箱根での貢献度は高かった。この時期に東洋大学の監督をしていた川嶋伸次は、「田中と塩川は安定感があって本当に嫌な選手でしたね」と話すほどだ。

「当時は、1区にエース級が入ることは少なかったので、無難に行ければいい。2区もつなぎという感じで、3~5区で追い上げて、7区あたりでトップに立つという戦略でしたね。往路を折り返すときに、トップチームの背中が見えていれば勝てると思っていました」

駒澤大学がアドバンテージをつかんでいたのは当時の準エース区間だった4区と、〝復路の2区〟にあたる7区。それと復路のエース区間である9区だ。当時は学生長距離界のレベルが高騰する前で、1万メートルを27分台で走るような日本人選手はいなかった。5区も20・7キロで、ひとりのエースではなく、「総合力」で勝負する時代だったのだ。

「この練習をやれば、これぐらいで走れるというのが、選手のなかでもだんだんわかるようになってきて、選手同士でも、お互いにライバル心がありました。普段の練習から、レベルの高いメニューをこなす選手が増えてきましたね。それくらい層の厚いチームになったときは、『負けないだろう』と感じていましたよ」

常勝軍団を維持できたのは、戦力の均等化

4年間で選手が卒業するなかで、「常勝軍団」を維持できたのは、〝強い学年〟に頼ることなく、戦力を均等化できたことにある。箱根駅伝は10人で戦うために、少数精鋭というチームよりも巨大戦力を抱えるチームの方が有利だ。直前の故障、風邪などを考えると、10人目と11人目の実力差がある大学では厳しい戦いになってしまうからだ。

「やっぱり底上げができていたということですよね。4年生がうまく1~2年生を引き上げてくれる雰囲気がありました。だから、選手が入れ替わってもうまくいっていましたね。各学年に安定感のある選手が2~3人はいて、強い学年には5~6人いた。各学年に穴がなかった。それが選手層の厚さになり、箱根でいうと復路で逆転できる力になったと思います」

箱根4連覇の1年目にあたる第78回大会(02年)のメンバーを見てみると、駒澤大学が、その後も勝ち続けられた理由がわかるだろう。当時のオーダーは、1区北浦政史(2年)、2区神屋伸行(4年)、3区島村清孝(3年)、4区松下龍治(3年)、5区田中宏樹(1年)、

6区吉田繁(2年)、7区揖斐祐治(4年)、8区塩川雄也(1年)、9区高橋正仁(4年)、10区河村修一(4年)。レギュラー10人に4年生4人、3年生2人、2年生2人、1年生2人と各学年のバランスがとれている。補欠にも松村拓希(3年)、内田直将(2年)、太田貴之(1年)らが入っており、大八木が言うように各学年に〝柱〟となる選手が3人ほどいた。4年生が抜けたとしても、大きく戦力ダウンすることなく、新たな選手で補充できるようなチーム力を維持していたのだ。

箱根4連覇時代の駒大は10人で戦う箱根で圧倒的な強さを発揮した一方、6人で戦う出雲駅伝では勝つことができなかった。スーパーエースがいなかったときもあり、6人で戦う出雲では総合力を発揮することが難しかったからだ。また、唯一10キロを超えるアンカー区間でケニア人留学生に逆転されることも何度かあった。

そして、箱根で勝ち続けてきた大八木の前に、その後、未知なる〝巨人〟が立ちはだかることになる。

往路は東海大学が優勝したが、復路の7区で逆転。第81回大会（2005年）で箱根4連覇の金字塔を打ち立てた。
写真/月刊陸上競技

〝新世紀の箱根駅伝〟で勝利の方程式が崩壊

駒澤大学が4連覇した直後の第82回大会（06年）から往路「小田原中継所」の位置が変更されて、山上りの5区が最長区間になった。そこから〝新世紀の箱根駅伝〟が始まるわけだが、大八木はその〝異変〟にすぐさま対応することができなかった。

第82回大会からの10年間で、復路での逆転優勝はわずか3回。大八木が得意としてきた復路で逆転するというストーリーを描くのが難しい状況になっていたのだ。

駒澤大学は圧倒的な戦力をつくりあげながらも、「山の神」と呼ばれた選手ひとりにすべてをひっくり返された。5区の距離が長くなったときに、大八木はここまで戦いが変わることを予想していなかったという。

「初めは思わなかったけど、いま思ったら長くなると差が出すぎるなというのが素直な感想です。5区に凄い選手が来ると、圧倒的な差をつけられる。順大・今井正人（現・トヨタ自動車九州）、東洋大・柏原竜二（現・富士通）のふたりには完璧にやられましたし、青学大・神野大地もそうですね」

山上り区間の距離が延びる前、5区は〝つなぎ〟という位置づけで、駒澤大学は山上り区間にルーキーを起用することが多かった。神屋伸行（区間2位）、松下龍治（区間4位）、田中宏樹（区間4位）は1年生で5区を任され、いずれも好走している。それが、5区が最長区間になったことで、「いまは5区に1年生を抜擢するのは無理ですね」と大八木は言う。5区の選手への意識を変えざるをえなかった。

この10年間、5区で区間賞を獲得したチームがすべて往路を制し、うち7チームがそのままトップを譲らずに、総合優勝に突き進んでいる。従来の「後半勝負」から「前半勝負」へ。箱根駅伝の戦いは大きく変わったのだ。

「近年は1区と2区は一気に行かれると大差をつけられる心配がありますし、なによりも5区に（好選手が）いないと致命的な差がついてしまう。いまのほうが大変ですよ」

駒澤大学の5区最高タイムは村上和春が第82回大会（06年）にマークした1時間19分30秒。当時のコースで歴代6位の好タイムだが、「山の神」と呼ばれた柏原や神野と比べると、3分近くも遅いことになる。不運なことに全日本の覇者・駒澤大学に〝神〟は現れていない。「ウチに山の神がいたら、この数年は勝っていたでしょう」と大八木は苦笑いする。

5区は圧倒的な大差がつく区間になり、数年にひとり出現する「山の神」と呼ばれるような特別な選手がチームに入るかどうか。新世代の箱根駅伝を制すには、運の部分も大きく影響している。しかし、大八木は、「今後は1時間16～17分台で走るような選手を育成していきたい」と新たなミッションに燃えている。

若いときの苦労が人間をつくる

指導者としては〝エリート〟ともいうべきキラキラと輝く道を突っ走ってきた大八木だが、「選手」としては、現在では考えられないほど不遇のときを過ごしている。

中学3年時にジュニア選手権（現在のジュニアオリンピック）の3000メートルで5位に入る活躍を見せたものの、会津工業高校では故障と貧血に苦しめられ、全国大会で活躍することができなかった。さらに、家庭の事情により大学進学を諦めざるをえず、高校卒業後は小森印刷（現・小森コーポレーション）に就職。早朝や昼休みを利用して練習に明け暮れる日々を送ってきた。

近年の大学進学率は50パーセント以上あるが、当時は30パーセントにも満たない。大八木も内心では「大学進学」を希望していたものの、様々な状況から実業団への道を選ぶことになる。
「兄貴が大学に進学していたので、経済的にふたりも大学に行くのは厳しいという事情もありました。それなら競技もできる企業に行きたいと、小森印刷に入社したんです。高校時代はケガが多くて走れなかったので、実業団で強くなってやる、という気持ちもありました」

小森印刷に入社した大八木は4年間の実業団生活を送ることになるが、競技面で優遇される現在の実業団チームとはまったく違う状況だった。大八木は「部品管理」を任されていた。季節によって使える時間帯は変わるものの、就業中の練習時間は「1〜2時間」しか確保できなかったという。

仕事が始まる前の朝に練習をして、午前中は通常業務。13〜14時の「1時間」を練習時間に使うことが許されていた。そして、その後はまた通常業務に戻り、残業もこなして、帰宅は22時頃になることも多かった。「競技」よりも「仕事」のほうが重点的で、フルタイム勤務に近いかたちのなかで、ガムシャラに練習するしかなかった。

そのなかで高校時代の鬱憤を晴らすかのように、競技力を上げていくと、今度は高校時代の〝夢〟が再び、大きくなっていった。

「やはり箱根駅伝への憧れがありましたね。福島県内の同学年でも大学に進学して箱根を走った選手もいました。だから箱根を走ってみたいなという気持ちと、大学に行くなら強くなってから進学しようと思っていたんです。なぜかというと、自分ひとりでやれるものを身に付けていけば、監督を頼りにしなくても結果を残せるんじゃないかと」

当時の箱根駅伝は現在と雰囲気がずいぶん違う。専任のプロ監督のような存在がいるチームは少なく、多くは学生が主体となって練習をしていたのだ。大学に入学できれば、優秀な指導者のもとで強くなれるという時代ではなく、大八木は自らの力で勝負していくつもりだった。働きながら大学に通うことを考えて、先に職場を固めることにした。

「高校時代はケガで苦しんだので、大学に行ってもケガをしてしまっては、(実業団の)就職がないと大変です。働きながら大学に行けるところを探していたところ、川崎市役所に採用枠があり、入ることにしました。そこで箱根駅伝を走れる大学を探していたら、たまたま駒澤大学が通える範囲だったんです」

当時は数年の実業団生活を過ごした後に大学に進学する選手は珍しくなかった。ただ大八木が大学に入学するまでの歳月は、他の〝苦労人〟よりも長く、駒澤大学経済学部2部(夜間部)に入学したのは24歳のときだった。そして、昼は川崎市役所で働き、朝と夕方に練習。

夜は勉強という現在の学生からすれば考えられないくらいハードなスケジュールを送ることになる。

「市役所は8時半から17時までが仕事で、当時は『勤労学生』になると、30分早く上がることができたんです。朝練習を軽くやって、昼休みはだいたい8キロ走ろうと思っていたので、40分くらいでパッと走って、昼食をとって、16時半くらいまでが仕事です。そこから、夜の授業が始まるまでの1時間～1時間半の間にポイントとなるような練習をするというのが流れです。かなり集中してやっていましたね」

陸上部の寮ではなく、役所の寮で生活していたこともあり、チームメイトと一緒に練習するのは土曜日だけだった。体育会系の社会のなかでも、年齢も実力も頭ひとつ抜けていた大八木は、先輩からも「大八木さん」と呼ばれることが多かったという。

「夜遅くまで授業もありましたし、働きながらでしたから、本当に大変でしたよ。夏合宿も他の学生は2～3週間行うなか、私は1週間しかできなかったんです。普段の練習も平日は限られた時間しか使うことができないので、土日を利用して学生より多い練習量を確保していましたね。それでも、私は全日本実業団の最長区間で区間3番になったこともありますし、箱根では区間賞争いはできるなという思いはありました」

箱根駅伝は1年時（第60回大会／84年）に5区で区間賞、2年時（第61回大会／85年）は2区で区間5位、3年時（第62回大会／86年）に2区で区間賞。大八木は駒澤大学のエースとして活躍した。4年時には年齢制限（当時は27歳以下）のため出場できず、伴走のジープに乗り込み、選手たちに檄を飛ばしている。

〝異色のヒーロー〟となった大八木は、どんなモチベーションで仕事、学生、競技と3つのことをこなしてきたのだろうか。

「やっぱり箱根を走ることが一番だったんじゃないですかね。箱根のおもしろさもありますし、箱根に出ることの楽しさを感じることができたからこそやれたと思います」

大学卒業後はヤクルトに入社。6年間の実業団選手生活を送り、選手としては4年、残り2年はコーチとして活躍した。その後、95年から母校・駒澤大学の指揮官になったが、選手たちには、「若いときに苦労しろ、苦しめ、挫折しろ」という声をかけてきたという。

「若いときに苦労しないと、先には進まないからね。歳をとって苦労させたくないし、やっぱり若いときに色々な苦労をして、それを励みにして進んでほしい。若いときに苦労しないと、歳をとって自分の人生を振り返ったときに、おもしろかったなとは思わないんじゃないのかな。若いとき、動けるときにたくさん動いて、失敗して、それをまたバネとしてやることだよね」

「戦う組織」をつくるということ

大八木がコーチとして母校に帰ってきたときチームは非常に〝危うい状態〟だった。箱根駅伝には連続出場を続けていたものの、コーチに就任する直前の第71回大会（95年）は13位（当時の出場数は15校）。予選会は6位ギリギリの通過だった。

この数年前から拓殖大学、帝京大学などが本格的に強化へ乗り出すなど、箱根駅伝は〝戦国時代〟に突入しようとしていた。おそらく、駒澤大学は大八木という〝救世主〟が、このタイミングで現れなければ、時代の波に飲み込まれていただろう。初出場から40年以上連続出場しているチームで、いまも連続出場を継続しているのは駒澤大学だけ。順天堂大学、大東文化大学という優勝経験を誇る古豪も予選会を突破できない年があった。

「コーチに就任した当初は弱かったですね。箱根はだいたい12番〜14番が定位置でした。何よりも生活が堕落していたので、まずはきちんとした『生活』をすることから始めましたよ。朝食当番の1年生は朝練習があまりできていなかったので、1年生も上級生も同じように練習ができるような環境にしました。

食事も女房に手伝ってもらって、栄養バランスのとれたメニューを出すようにしました。とにかく、それまであった寮の規則を徹底的につくり変えましたね。うちの女房も駒大出身でしたし、協力してくれました。ここで立て直すしかないと思っていたので、ありがたかったですよ」

選手たちが生活する寮も、上級生が門限や消灯時間を守ることができず、大八木が見回りをしたこともあった。なかには隠れてタバコを吸う選手もいたという。朝練習のコースも大八木が自ら走り、起伏のあるコースと平坦なコースをつくるなど、これまでのスタイルを一新した。当時、新米コーチだった大八木に反発する選手もいたが、1年目にすべてを〝整理〟する覚悟を決めて、大八木は選手たちにこんな言葉をかけた。

「やりたくない者、中途半端な者はやめてほしい！」

強い選手で反発する者は少なかった。文句を言うのは競技者として結果を残すことができていない上級生だった。

「高校時代に強くて、期待されて入学してきた選手のなかで堕落していた者が足を引っ張っていた印象ですね。強い子のなかでもひとり、ふたりはいました。良くない環境に染まっていたので、特にそういう選手は徹底的に指導しましたよ。私も若かったですし、かなり怒ったこともありました」

前年の予選会はギリギリの6位通過。他校からは、「次に落ちるのは駒澤だな」と噂されていたほどだったが、踏みとどまった。

「1年目は本当に危なかったですね。本音をいうと、私は1回落ちたタイミングで来たかったんです。私のときに落ちるのがものすごく嫌でしたから(笑)。大学側に『もう1年待ってから行ってもいいですか』と聞いたら、『落ちたら困るから、お前、何とかしてくれ』ということだったんです。

予選会は拓殖大学の10番目の選手が遅れて、それでなんとか助かったんです。ギリギリでしたよ、本当に。いまでも覚えていますよ。当時は大井埠頭でしたけど、本気で応援しましたね。だけど、そこがクリアできたので2年目は大丈夫だろうと思いました。

選手も強くなってきていましたし、2年目は6番じゃない、もっと上だろうなって。それが、当時優勝候補だった山梨学院大学と神奈川大学が途中棄権したので、予選会でトップにはなれない。それなら、『3番』狙いでと臨んで、3位で通過しました」

自信を植え付けさせるための大胆な采配

2年目の予選会で手ごたえをつかんだ大八木は、箱根駅伝の本戦で次なる戦略を考えた。〝勝てる集団〟にするためにどうしたらいいのか。大八木は大胆な采配で勝負に出た。

「当時の駒澤大学は、箱根はもちろん、出雲も全日本も勝ったことがありませんでした。選手たちに自信をつけさせるために、何かしらのタイトルを取りたかったんです。そこで、2年目の箱根で〝勝負〟しました。往路はどの大学も強力なメンバーを入れてくるので、往路は我慢のレースをして、復路で優勝を狙ってやろうと、復路にもある程度のメンバーを入れたんです。区間賞こそ取ることはできませんでしたが、復路はオール区間2位。そして、狙い通りに復路優勝を奪うことができました」

第73回大会（97年）は往路を9位で折り返すと、復路は強い追い風になり、好タイムが続出。駒澤大学は復路新記録（当時）を樹立して、総合6位に食い込んだ。そして、翌年度から学生駅伝で優勝を争えるチームになった。

エースの存在がチームを変える

駒澤大学が「駅伝王者」の道を進んでいく過程で、大きな役割を果たした選手がいる。前・マラソン日本記録保持者の藤田敦史(現・駒澤大学コーチ／富士通所属)だ。エースの存在がチームを大きく変えた。

藤田は大八木がコーチに就任した95年に入学した選手。大八木と同じ福島県出身で、高校時代は全国的には無名のランナーだった。

「就任当初からゆくゆくは優勝を狙うようなチームにすると言っていましたが、藤田と出会ったことで、藤田が4年生になる頃には優勝できるチームにするという具体的な目標ができました。そのためにはどうしたらいいのか。考えながらチームづくりをしていきましたね」

チームとしては、箱根駅伝を想定して、徹底的な走り込みでカラダをつくった。同時に、藤田というスーパールーキーの存在をチームのなかで生かそうと考えていた。

「誰かひとりエース格の選手を育てないといけないと思っていたんです。そこに藤田が出てきてくれた。箱根は1区でインパクトをもっていきたかったので、そこに藤田を起用しました。そしたら藤田は思った通りに走ってくれましたよ」

大八木が学生駅伝で初采配を振った第72回大会（96年）の箱根駅伝で駒澤大学は1区にルーキーの藤田を起用した。学生長距離界でも無名に近い存在だった1年生が区間賞争いを展開（区間2位）。新生・駒澤大学を印象づけるような好走を見せたのだ。筆者は同じ大会で10区を走っているが、同学年である藤田の存在をこのとき初めて知った。そして、その藤田がどんどん強くなっていく姿は強烈だった。

「藤田は1年生のときから、マラソンに向いているなと感じました。スピードはありませんでしたけど、ロードではほとんど学生に負けなかったですからね。藤田という選手が出てきたことで、ロードの駒大というイメージができたと思います。

藤田が活躍するようになって、チームも変わりましたよ。俺たちもできるんだ、という雰囲気になってきましたし、他の選手たちも自信を持つようになりましたから。その勢いが、出雲の初優勝にもつながったわけです」

藤田が4年生の頃には「優勝争い」を目論んでいた大八木だが、2年目の箱根駅伝の復路優勝に続いて、3年目の出雲（97年）で初優勝を飾った。想定以上の快進撃だった。

「藤田というエースがいて、佐藤裕之が準エースに成長して、大西雄三や西田隆維なども出てきてくれたから、おもしろくなりましたね」

完全に上昇気流をつかまえた駒澤大学。チーム力を伸ばすために、大八木は〝スーパーエース〟を育てることを一番意識したという。

「チームづくりにとって、まずはエースを育成することが大切です。チームでトップという選手ではなく、学生でトップレベルの選手にするということを心がけました。チームに大黒柱がいることで、他の選手にプレッシャーがかかりにくくなりますし、エースの活躍がチーム全体の自信につながるからです」

藤田は非常にストイックな選手で、練習量も豊富だった。トレーニングだけでなく、日々の生活から他の選手の見本になった。

「マラソンをやるんだという自覚があったので、練習はよくやっていましたよ。人よりも早く来て、準備運動をしていましたし、練習を上がるのも遅かったですね。だから人よりスタミナがあり、ロードも強かった。そういう努力を見ていた後輩たちも影響がありましたよ。1学年下の西田隆維と大西雄三もマラソンを2時間8分台で走りました。先輩に追いつきたいという気持ちが、チームを変えるんです」

第84回大会（2008年）は、往路2位で折り返すと復路9区で堺晃一が早稲田大学の三輪真之を逆転し、3年ぶり6度目の総合優勝を果たした。
写真/月刊陸上競技

チームの強化スタイルを選手たちに合わせる

駒澤大学は97年に出雲を制すと、エース藤田が最上級生になった翌年度には出雲を連覇して、全日本大学駅伝で初優勝。箱根駅伝は9区の途中までトップを駆け抜けて、2位に入った。箱根は藤田が卒業した翌年の第76回大会（00年）で初優勝を成し遂げ、02〜05年には4連覇を達成。いつしか「常勝軍団」と呼ばれるようなチームになった。

実は藤田がいた4年間と、その後の駒澤大学では練習スタイルが変わっている。ひとつの「成功スタイル」に当てはめるのではなく、大八木は選手たちのカラーに合わせて、練習を組み替えてきた。

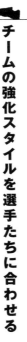

「途中からトラック派ともいえるスピードのある選手が多く入ってきたので、初めの4〜5年とはちょっと違ったチームカラーになりましたね。当初はスピードのない選手が多かったこともあり、トラックというよりも、マラソンのことばかり考えていました」

藤田や西田などは、在学中からマラソンに挑戦するなど、長い距離のアプローチから、学生駅伝を席巻してきた。なぜかというと、当時の駒澤大学に全国大会で上位に食い込むようなスピードのある選手はいなかったからだ。そして、エース藤田がマラソンを視野にトレーニングしたことで、他の選手も「マラソン」への気持ちが強くなった。

しかし、97年に5000メートルで13分台をマークするなど高校トップランナーだった揖斐祐治が入学してから、それまでの練習を徐々に変えていった。06年には宇賀地強（現・コニカミノルタ）、深津卓也（現・旭化成）、髙林祐介（現・トヨタ自動車）の〝13分台トリオ〟が、11年には村山謙太（現・旭化成）、中村匠吾（現・富士通）というトラックで高校歴代上位の記録を持つスピードランナーが入学。簡単にいうと、チームが強くなったことで、高校長距離界の逸材が集まるようになったのだ。

質の高い選手が集まれば、チームが強くなると思われるかもしれないが、そんな単純な話ではない。これまでの強化スタイルがブレて、上位選手を伸ばすことができず、他の選手の強化も中途半端となり、チーム力が弱体化してしまうこともあるからだ。

大八木は慎重に選手のタイプを見極めて、トレーニングを変えていった。それは自分の信念を曲げるようなものでもある。

「選手の性格や体質、トラック派、ロード派などを判断してやっていますね。今年のチームでいえば、中谷圭佑は持ち味のスピードを生かせるようにトラック中心で、反対に大塚祥平はロード派なので、マラソン挑戦も視野に入れてトレーニングをしています。選手の特性に合う育成の仕方があるので、そういうのが割とうまくやってこられたかなという感じはしますね」

〝大人の選手〟を4年間で育成する

箱根を本気で目指している大学は30校以上あり、関東以外の強豪校、そして実業団チームなどが有望選手を勧誘することになる。そのなかで、駒澤大学は安定的に好選手を獲得してきて、学生駅伝のタイトルにつなげている。全国高校駅伝の入賞常連校から毎年のように主力選手が入学。完全な〝売り手市場〟のなか、好選手を預けてもらうには高校の指導者との信頼関係を築けるかどうかが大きいという。特に初めて入学する高校の選手はキッチリと育てないと、信頼が得られないからだ。

箱根駅伝は10人で戦うために、スピード自慢の選手だけでは難しい。バランスのとれたチームをつくるには、さまざまなタイプの選手を揃える必要がある。そのなかで大八木は高校時代から実績のあったスピードのある選手を即戦力として起用する一方で、高校時代は無名だった選手も時間をかけて育成してきた。

「1年目から活躍できれば一番いいですけど、選手のなかには2～3年かけてじっくりと力をつけるタイプもいます。治郎丸健一や柴田尚輝も出てきたのは4年目でしたし、黒川翔矢なんかも時間がかかりましたね。3年生、4年生で伸びてくる選手は、実業団に進んでも成功することが多い。そういう育成の仕方を常に心がけてきました。1～2年生はカラダづくりで、『3～4年生で勝負するぞ』といつも言ってきましたよ。

1～2年生は人間的にも成長できるように、自分で考える能力を養えるような指導をしてきました。自分で物事を言えなかったら何も進みません。指導者の指示を守らせるというよりも、俺はこう思うけど、お前はどうだ？　と必ず自分で考えさせるようにしています。自主的に取り組んでいけるような姿勢をつくらないと、企業では成功しませんからね。実業団では、自分でやらなくちゃいけないときもあるので、そのための能力を4年間で身に付けさせるようにしています」

結果を急ぐのではなく、人間として成長できるように大八木は考えている。言わないとできない選手ではなく、特に指示をしなくても自分でできるような〝大人の選手〟を4年間で育成することが駒澤大学のスタイルだ。

一度だけのシード落ち――数少ないマネジメントの失敗

大八木が就任して2年目の箱根駅伝で6位に入ってから、箱根では「3位以内」を8割ほど占めてきた。しかし、一度だけシード権を逃している。第85回大会（09年）のことで、大八木のなかで数少ないマネジメントの失敗例だ。

宇賀地強（現・コニカミノルタ）、深津卓也（現・旭化成）、高林祐介（現・トヨタ自動車）ら高校時代に5000メートルで13分台をマークした〝最強トリオ〟が3年生のときで、同学年には13年の日本選手権5000メートルを制した星創太（現・富士通）もいた。戦力的には充実していたが、箱根では13位に沈んだ。

「前年に箱根で勝ったこともあり、少し油断もありました。主力数人は強かったですけど、中間層が育たなかった。つなぎの区間でうまく走ることができずに、そこがきつかったですね」

翌年度は全日本を制して、箱根で2位に入るも、その直後のチームが20年間で一番〝危機的な状況〟だったという。戦力が大幅にダウンして、チームの主力は上野渉（現・Ｈｏｎ da）、撹上宏光（現・コニカミノルタ）、千葉健太（現・富士通）、久我和弥（現・富士通）ら2年生。「安定感」と「選手層」という駒澤大学の〝強さ〟の源だった部分に不安があったからだ。

「そのあたりが一番危なかったと思いますね。上級生にしっかりした選手もあまりいなかったですし、選手の伸び方もいまひとつでした」

それでも駒澤大学は立て直してきた。10年度は出雲3位、全日本2位、箱根3位。11年度は出雲2位、全日本1位、箱根2位とすべてでトップ3に食い込み、その後の全日本4連覇につなげている。

新世紀の箱根駅伝〟を制する最大のポイントは5区

大学三大駅伝で初タイトルを獲得してから18年のうちで、一度も勝つことができなかったシーズンは4回だけ。あとの14年間はどこかの大会で優勝している。そこに王者・駒澤大学の〝凄さ〟がある。勝つだけでなく、勝ち続けてきたからだ。

「ウチの選手は優勝しても、まだ次があると、すぐに気持ちを切り替えることができるんです。1回の優勝で浮かれることはありません。あとは、実業団に進む選手が多いので、長い目で競技を考えることができるんです。

勝ち続けるには、やっぱり陸上競技の基本的なものが、しっかりしていないといけません。ウチは朝から日常生活がきちんとできていますし、練習もみんな本気になって集中している。選手たちのなかで、オンとオフがハッキリしているんです。

練習も嫌々やっている感じはありませんよ。どこかで楽しめる部分を見つけてくれているので、集中した練習が継続できて、それが安定した結果につながっていると思います」

学生駅伝を勝ち過ぎた大八木だが、近年は箱根の優勝から遠ざかっている。「山の神」を打ち砕く新たなマネジメントをどのように考えているのだろうか。

「やっぱり5区の選手ですよ。距離が変わらない限りは5区の強化が一番重要になると思います。今年の箱根5区でブレーキした4年生の馬場翔大は、箱根後に『もう1度やらせてください』と直訴してきましたし、他にも5区を任せられるだけの力をつけてきた選手もいます。5区でどこまでタイムを伸ばすことができるのか。そこがポイントです。

同時に、これまで以上に選手層の厚さをつくっていかないといけません。故障や風邪などを考えて、7番目から15番目までがそれほど差がないようなチームづくりができるかですね。さらに、エースもふたりは必要になります。今年は3年生の中谷圭佑と2年生の工藤有生がユニバーシアードの代表になるなど、さらに成長しました。あとは駒澤大学のエースじゃなくて、学生長距離界のトップレベルの選手になれるか。それぐらいの戦力でないといまの箱根は勝てないでしょう」

駒澤大学を率いて21年目。名将と呼ばれた男は、かつて勝ち続けてきた箱根駅伝の舞台で、再び「藤色のタスキ」に〃勝利の風〃を吹き込む。

マネジメントの極意

- 不安要素は排除するべし
- 選手層の厚さが攻撃の要になる
- エースの存在がチームを変える

東海大学

TOKAI UNIVERSITY

組織のリノベーション――かつての高校長距離界カリスマ指導者が挑む、箱根駅伝

両角 速
［東海大学 駅伝監督］

1966年、長野県生まれ。東海大学で箱根駅伝に4年連続出場。大学卒業後はオリンピックを目指して日産自動車、ダイエーで活躍した。1995年に地元・長野にある佐久長聖高校の教諭となり駅伝部を指導。佐藤清治、上野裕一郎、佐藤悠基、村澤明伸、大迫傑など高校歴代上位の選手を育成すると、第59回大会（2008年）の全国高校駅伝では2時間02分18秒の日本高校最高記録で初優勝を果たした。2011年4月に母校・東海大学の体育学部競技スポーツ学科特任准教授、同陸上競技部駅伝監督に就任。第91回箱根駅伝（2015年）ではチームを6位に導くなど、学生長距離界の指導でも注目を集めつつある。

〝両角チルドレン〟が箱根路を席巻、高校長距離界のカリスマ指導者

大八木弘明の指導で駒澤大学が「駅伝王者」に君臨していた頃、〝高校長距離界のカリスマ指導者〟だったのが佐久長聖高校の監督を務めていた両角速（もろずみ・はやし）だ。教え子たちの名前を列挙するだけで、両角の〝眼力〟と〝指導力〟の凄さが伝わってくるだろう。

佐藤清治、上野裕一郎、佐藤悠基、村澤明伸、大迫傑、松本昂大の６人は高校時代に５０００メートルで13分台をマーク。15年９月現在でも佐藤清治が１５００メートル（３分38秒49／99年）で、佐藤悠基が１万メートル（28分07秒89／04年）で高校記録を保持している。

両角の教え子たちは高校時代に強かっただけでなく、卒業後も活躍している。上野は中央大学、佐藤悠基と村澤は東海大学、松本は明治大学、大迫は早稲田大学と、各大学のエースとしてトラックや駅伝で快走を見せた。他にも高見澤勝（山梨学院大学）、太田貴之（駒澤大学）、堂本尚寛（日本大学）、矢野圭吾（日本体育大学）、平賀翔太（早稲田大学）らも

各大学の主力として活躍。〝両角チルドレン〟が箱根路を席巻した。

日本長距離界という視点で見ても、佐藤悠基（現・日清食品グループ）と大迫傑（現・ＮｉｋｅＯＲＰＪＴ）は〝エース的〟な存在だ。佐藤は東海大学時代に箱根駅伝で３年連続の区間新記録を叩き出すと、日本選手権１万メートルでは４連覇（11～14年）を達成。大迫は今年７月に５０００メートルで13分08秒40の日本記録をマークして、近夏の北京世界陸上にも出場している。

両角が指導をしていた佐久長聖高校は、野球でいえばかつてのＰＬ学園高校、近年の大阪桐蔭高校のような存在といっていいだろう。現在は東海大学の駅伝監督を務めている両角はいかにしてこれだけの人材を発掘・育成することができたのか。まずは、そこからひも解いていきたい。

未来に光り輝く、ダイヤモンドの原石を探して

両角が佐久長聖高校の監督になったのは95年。地元・長野県から届いたオファーに当時ダイエーに所属していた、28歳の長距離ランナーは迷っていた。

「正直、競技を続けたいという思いが強かったんです。でも、白水昭興監督（現・日清食品グループ監督）から『行ったらどうだ』と勧めていただいたので、これは戦力外という意味もあるのかなと思いました。当時のダイエーは実力主義でしたからね」

そう感じた両角は決断する。そして、新たなチャレンジにすべてを注いだ。学校長から「5年以内に都大路（全国高校駅伝）に出場してほしい」と頼まれていたこともあり、時間はなかった。当初の部員はわずか2人。両角はスカウトを兼ね自ら大会に出場しながら、ダイヤモンドの原石を探し歩いた。

「1年目は、まずは自分がレースに出場して、選手に来てもらおうと思っていました。実績のない学校だったので、なかなか好選手には来てもらえなくて苦労しましたよ。そのなかで来てくれた子どもたちや、その親御さんの思いというものに対して、しっかり応えないといけないという気持ちが強かった。そうすると、自ずとやらなければいけないことがたくさん出てきました。

私自身は実業団まで競技をやっていてオリンピックを目指していましたが、その夢には届きませんでした。だから、預かった子どもたちに対しては、都大路だけでなく、大学に行って、その後には実業団があるし、その先にはもっと上のステージがあるということを話してきました」

そうやって選手を勧誘し、就任3年目に入学してきたのが、佐藤清治と高見澤勝だった。〝怪物〟と呼ばれた佐藤は当時、800メートル、1500メートル、3000メートル、5000メートルの4種目で高校記録を塗り替え、高校3年生（99年）のときには日本選手権の1500メートルで優勝。その年のセビリア世界選手権に出場した。高見澤は山梨学院大学、日清食品グループで活躍後、佐久長聖高校の監督を引き継ぐことになる。それから毎年のように好選手が入学するようになり、「佐久長聖」の名前は陸上界で広まっていった。

マイナスな環境を〝プラス〟に変える

陸上界から注目を集めるようになった佐久長聖高校だが、専用グラウンドはなく、練習環境は恵まれていなかった。両角は学校側が用意してくれた土地に自ら重機を操作して、1周600メートル、高低差が10メートルあるクロスカントリーコースを整備した。

「当時はクロスカントリーの効果を熟知していて、絶対に必要だからと思って整備したわけではありません。限られた環境のなかで、やるしかなかったんです。自分自身はあまりそういう環境でやったことがなかったので、これでいいのかというのはあったんですけど、子どもたちに戸惑いはありませんでした。陸上の素人同然みたいな選手も多かったので、多少ごまかすことができた部分もあったと思います(笑)。反対に、『ウチはこれしかない。ここで頑張るしかないんだぞ』という声を掛けました」

当時は近隣にも陸上競技場がなかったため、トラック練習をするときは、両角がマイクロバスに選手を乗せて、群馬県富岡市にある競技場まで高速道路を走らせた。移動に1時間はかかるため、トラック練習は週末しかできなかった。そんな環境のなかでも、両角は自らの背中で選手を指導した。

「佐久は非常に寒いですし、近くに競技場があるわけでもありません。ただもうこの環境を自分のなかで受け入れて、ここで強くなってやるという気持ちが大切なんです。ただ、それを子どもたちだけに押しつけるわけにはいきません。自分のできることは目いっぱいやろうと、芝刈りや雪かきなどのコース整備は一生懸命やりましたね。そういう姿に子どもたちが湧きでるエネルギーを感じてくれたのかなと思います。

また不十分な環境を危惧してか、学校の先生方や地域の方々が親身になって応援してくれたんです。特に生活の面倒をみてくださった寮の先生方、食事を提供してくださった方々には、一生頭が上がらない思いでした」

長距離という種目をどう「おもしろく」感じさせるか

高校生に対して、両角が一番気をつけたのは、長距離という種目を「嫌い」にならないようにすることだった。

「単に厳しい練習をやらせすぎてしまうと、子どもたちの意欲が低下していき、楽しくなくなります。逆にいうとキツイことをどうやっておもしろくさせるかということを意識しました。まずは故障をさせないことですね。いくら厳しくても、練習がしっかりできて、記録が伸びれば苦になりません。思い通りにいかなくて故障をしてしまうと、絶対におもしろくありませんから」

キツイことを少しでもワクワクするように、マンネリ化しないように注意したという。同じ練習でも、わざと別の場所で行い、遠方で開催される駅伝にも出場。選手たちにさまざまな刺激を与えてきた。

「陸上の長距離はやっていること自体は非常に単純です。そういう意味で合宿も含めて、常に飽きさせないようにしました。当然それだけこっちが動かないといけないので苦労するんですけど、そういうことには気をつかいましたね。選手たちの自己充足感を満たしてあげられる刺激、それに気づける感性が指導者には求められると思います」

そんな苦労を経て、就任4年目の98年には都大路に初出場。いきなり4位入賞を果たした。そこから勧誘もうまくいくようになった。そして、長野県外からも有力選手が入学するようになってきた。しかし、佐久の冬は厳しく、1月の平均最低気温がマイナス7・5度しかない。越境入学してきた佐藤悠基（静岡県出身）や大迫傑（東京都出身）などには、〝覚悟〟が必要だった。

逆の立場になって、考えてみる

「同じ日本ですけど、親元を離れて、寒い佐久に来ました。悠基は3000メートルで中学記録を樹立して入学してきて、『将来はオリンピックに出たい』『マラソンをやりたい』ということを言ってきました。大迫は〝逆留学生〟じゃないですけど、いまは日本を飛び出して、アメリカを拠点に勝負しています。高校時代でいうと、ケニア人留学生の立場になってやっているわけです。やっぱり強くなる選手は自分のなかで覚悟を決めてきた部分があると思います」

佐久長聖高校の選手たちは、ケニア人留学生を相手にしても果敢に攻めのレースを見せてきた。特に佐藤悠基は、夏のインターハイ5000メートルでケニア人留学生の背中に食らいつき、インターハイ日本人最高タイムの13分45秒23をマークしている。佐藤や大迫がいまも〝世界〟を目指して本気で取り組んでいるのは、両角の教えが大きい。

「いつも私が言っていたのは、自分が逆の立場になって考えてみろ、ということです。ケニア人留学生は親元だけではなく、国を離れて、異国の地で競技をやっている。自分たちに同じことができるのか。彼らは日本の高校生を相手に競技会荒らしをしているわけではなくて、人生を懸けて、命を懸けてやっている。そういう気持ちが、日本の高校生とは違います。競技に対する気持ちが君たちよりはるかに上回っているんじゃないかと。同じように日本を離れて、何もわからないところで頑張るくらいの覚悟を持って、競技にかけられたらケニア人留学生が相手でも負けないんじゃないか、というようなことはよく話しましたね」

独自の〝スモールデータ〟を重視

「同じ高校生のやっているなかで、あの選手にできて、なぜ自分たちにできないんだろうか？　という単純な疑問を常にぶつけてきました。私自身も、あの指導者にできて何で私にできないんだろうかということを考えてきたんです」

そう話す両角が重視してきたのが独自の〝スモールデータ〟だ。佐久長聖高校の選手たちのトレーニングや試合のデータを蓄積。局所的ともいえる情報源のなかから、タイムリーかつポジティブなデータを、好結果に結びつけてきた。

「ゼロから始めたので、練習や試合時の資料を全部残しています。それを大事にしてきました。たとえば日体大長距離競技会に出場するときも、過去に出場した選手の1000メートルごとのラップタイムはデータとしてあります。それを出場する選手たちに見せて、この選手はこの時期にこういうふうに走って、これだけの記録が出たということを教えて、レースに臨ませました。そうすると、自分もこれぐらいのタイムは出せるんだという気持ちになるんです」

記録会だけでなくインターハイや国体など、佐久長聖高校の選手たちは「先輩たちのデータ」を〝自信〟に変えてきた。その結果が、数々の金字塔につながっている。

「駅伝もデータを重要視してきましたよ。県大会でこのくらい、北信越大会でこのくらいで走ると、全国ではこれぐらいだというデータです。県から全国まで何分縮められるのか。そういうこともわかってくるので、全国に向けて具体的な取り組みができるようになり、レースに対する不安要素をひとつずつなくしていくことができるんです」

全国高校駅伝で12度の入賞を重ねてきた両角。なかでもこれまでのデータと選手の個性をズバッと生かしたのが、第59回大会（08年）だ。両角は「エースは1区」という常識を覆すオーダーで、大記録を誕生させた。エース村澤明伸（現・日清食品グループ）を1区ではなく、3区に配置。ケニア人留学生が猛威を振るう区間にエースをぶつけることで、その差を最小限に食い止め、4区以降の逆転劇につなげる戦略で勝負に出たのだ。

「当初は村澤を1区に使う予定でした。でも大会が近づくにつれて、1区では力を出し切れないんじゃないかなと思うようになったんです。彼は自分から行けるタイプで、インターハイも国体も全部引っ張って、終盤までついてきた選手がラストスパートで彼に先着していたんです。都大路でも同じことが起こると予想しました。

1区といえども、トップ集団についていく役割は千葉健太でも十分できる。むしろ先行された後でも、ガンガン追っていける村澤の個性を生かした方が私にとってはいい作戦だと思ったんです」

佐久長聖高校は1区の千葉健太（現・富士通）がライバル・仙台育英高校の1区上野渉（現・Ｈｏｎｄａ）と区間賞争いを繰り広げて、2秒遅れの区間2位で滑り出すと、2区で仙台育英高校に1秒詰め寄る。3区は村澤が23分38秒という日本人最高タイム（当時）で激走して、ポール・クイラ（現・コニカミノルタ）から32秒しか遅れなかった。5〜7区は佐久長聖高校が3連続で区間賞を奪って、仙台育英高校を大逆転。最後は大迫傑が歓喜のゴールテープを切り、2時間02分18秒の日本高校最高記録で初優勝を果たした。留学生を起用しないチームとしては、6年ぶりの優勝だった。

データのない箱根予選会で屈辱

高校長距離界でのキャリアを評価された両角は、11年4月に母校・東海大学の陸上競技部駅伝監督に転身。近年は〝プロ監督〟ともいうべき、他に業務のない指導者が増えているが、体育学部競技スポーツ学科特任准教授にも同時に就任した。

「いまの自分があるのは佐久長聖高校の皆さま方のおかげだと思っていますし、かなり悩みました。お世話になった方々にどう納得してもらえるのか。声を掛けて来てもらった生徒とそのご家族、声をかけていた中学生のことを考えると、転身に踏み切ることはなかなかできませんでした。

また佐久長聖高校駅伝部を任せることになる高見澤が不安に感じていることも察していました。悩みに悩んだ末、最後は私の恩師でもある前駅伝監督・新居利広先生の『お前しかいないので、やってくれないか』という言葉で、高校駅伝から大学駅伝に挑戦する決断をしました」

佐久長聖高校OBが学生駅伝で活躍していたこともあり、両角は高校の指導者でありながらも学生長距離界の〝情報〟は持っていた。しかし、実際に母校の指揮を執ることになると戸惑う部分が少なくなかった。

「イメージと違う部分は特になかったんですけど、どこに行ってもラクではないなということを改めて実感しました。特に佐久長聖高校の校長先生には『わざわざ苦労するようなところに行かなくてもいいじゃないか』というようなことを言われまして、当時はその意味がいまひとつピンと来なかったんです。でも、数年やってみてその言葉をよく思い出すことがありますね」

両角が監督に就任する直前の第87回大会（11年）で、東海大学は総合4位という成績を残している。しかも、花の2区で区間賞を獲得した村澤明伸（現・日清食品グループ）、5区で好走した早川翼（現・トヨタ自動車）が3年生というタイミングでの転身で、東海大学は大躍進するのでは、と騒がれた。しかし、現状はまったく違っていた。結果を残したチームを引き継ぐのは簡単ではなかった。

「村澤をはじめ何人か教え子がいたので、やりやすさはあったかもしれないですけど、正直ゼロからのほうが良かったですね。特に選手は前任者のイメージを強く持っていますし、急に来た者に対して合わせるというのは難しい部分もあります」

一番戸惑ったのは学生ランナーの過密スケジュールだ。強い選手になればなるほど年間を通して試合が多くなり、村澤&早川というWエースを抱えていた東海大学はチームとしての戦略が定まらなかった。

箱根駅伝は就任1年目の第88回大会（12年）で総合12位。エース村澤の調子が上がらず、2区で区間3位。早川も5区で区間14位と振るわなかった。

「決して甘く見ていたつもりはないんですけど、いくら勉強しても感覚として自分のなかに箱根駅伝の戦いが入っていませんでした。経験不足を痛感しましたね」

箱根か、世界か——将来を優先して決断した村澤外し

就任2年目にはさらにショッキングな出来事が起きた。両角自身も学生時代につないできた伝統を途切れさせてしまったからだ。初出場以来40年連続で参戦してきた箱根駅伝。村澤&早川のWエースが最上級生のときに予選会で落選した。

この予選会で両角はエース村澤を外している。箱根か世界か。究極の選択を迫られた両角は教え子の〝将来〟を優先させた。予選会の怖いところは通過できる戦力がありながらも、選手たちに〝負のオーラ〟が伝わってしまうことがある。このときの東海大学はまさにそういう状況だった。2年前の予選会で日本人トップの快走を見せた早川は個人総合10位と伸び悩み、他の選手も続くことができなかった。

「村澤を出場させれば、10番目の選手よりもはるかに走れたでしょうし、彼が出場することで精神的なゆとりができるので、他の選手をもう少しアシストできたかなと思います。

でも、村澤を外した理由は彼のアキレス腱の状態を冷静に判断した結果。将来のことを考えると、無理をさせるわけにはいきません。まだまだですけど、最近はだいぶ走れるようになっていますし、あのときの決断は間違っていなかったと思います」

村澤以外にも有力選手を故障で欠いた影響もあり、トップ通過候補の東海大学は総合12位という惨敗だった。

「故障者が出たことについては、トレーニングの質が高かったかなと反省しています。ペースを落として距離型にしていかなければいけなかったかもしれません。佐久長聖高校時代からスピードを重視してきて、大学でも『スピードのあるランナーを育てたい』という思いは凄くありました。ただ箱根で戦おうとすると逆の指導をしていかないといけない。そこに葛藤がありましたね」

その年は6月の全日本大学駅伝関東学連選考会で村澤と早川を温存しながら激戦を突破しており、両角は箱根の予選会で落選するとは思っていなかった。

「自分自身も簡単に考えていた部分がありましたね。油断、甘さというものが箱根の予選会に潜んでいたと思います。予選会を戦う準備や戦略を含めて、チームをひとつにまとめ上げることができませんでした。要は逆算ができてなかったということです。予選会を通るためには、こういう力をつけてこういう戦いをしなくてはいけない。そのためには夏合宿でこういう練習をするという計算をあまりしていませんでした。佐久長聖高校のときは県予選でそういうことは考えていなかったですからね。学生には本当に申し訳ないことをしたと思います。

選手たちは私に対する期待があったにもかかわらず結果を出させてあげられなくて、予選会後の雰囲気は良くありませんでした。君たちに力があるなかでこういうかたちになって申し訳ないということを素直に表現しないといけないと思いましたね。同時に、指導者として毅然とした態度をとるべきだと思いました。同じ過ちを二度と繰り返さないようにまずかった点をきちんと改善していきました」

箱根予選会でまさかの屈辱を味わった東海大学は沈んでいた。予選会からの出発で、村澤と早川が卒業と、マイナス要素ばかりで臨むことになる3年目。「自分が変わらないとチームは変わらない」――そう感じた両角はゼロから始めた佐久長聖高校時代のことを思い出した。

「佐久長聖高校時代はコースづくりから始めて、汗水流した姿を子どもたちに見せながらやってきました。クロスカントリーコースもマネージャーたちに任せるのでなく、自分の手でも整備していけます。そういうありのままの姿を見せていければいいのかな。それが自分のスタイルだと思います」

箱根で戦う組織へのリノベーション

予選会での敗退を機に、両角は組織の本格的なリノベーションにとりかかる。村澤明伸と早川翼が卒業するタイミングで、戦力は大幅にダウンしたが、ゼロから立て直すには絶好のチャンスだった。

「当時は村澤と早川に頼っていて、チームとしてまとまっているような感じがなかったんです。寮生活にしても、ただ一緒に暮らしているという印象でした。だから一回それを解体しなきゃいけないと思っていました」

13年度は予選会を3位で突破（本戦は13位）。昨季は予選会を2年連続の3位で通過して、本戦では6位に浮上。両角の指導が威力を発揮しはじめた。悪夢後の予選会では2年続けて安定した成績を残したが、「表に見えてこない部分のチームワーク」をポイントにした。

「予選会で成功している学校の戦い方を研究しましたね。特に神奈川大学、中央学院大学、帝京大学といったところは参考になりました。レースの映像を何回も見て、勉強しましたよ。選手たちはとにかく『不安』なんです。自分の失敗で落選したらどうしようと、考えてしまうなかで、精神的な核となるような選手がひとりでもいると違うことがわかりました」

一昨年は故障上がりの元村大地（現・日清食品グループ）が最終グループを統率。昨年は中川瞭（現・トヨタ紡織）の存在が大きかったという。中川も故障上がりのコンディションのために無理をさせなかった。余裕のあるペースで走るかわりに、集団の後ろから、「俺より前で走っていれば大丈夫だから」と後輩たちに声をかけて、他の選手の背中を押すような役割を果たしたのだ。

「選手たちが安心して力を出し切るにはどうしたらいいのかを考えました。あとはその前に自信を持ってスタートラインに立てる実力。いわゆる記録ですよね。そういうものをどこで出してあげられるか。何回か経験して、予選会というものが少しわかってきたような気がします」

箱根本戦でもかつてのような失敗はしなかった。前々回は主力の欠場が響いて、シード落ち。前回も中川瞭、石川裕之(現・愛三工業)、冨田三貴ら1万メートルで29分00秒前後の好タイムを持つ選手3人を欠いたが、10人全員が安定感のある走りを見せて、6位でフィニッシュした。

「100パーセントの状態で全区間を揃えられるチームはないので、駅伝は特定の選手に頼るチームをつくるべきではありません。箱根の戦い方もどういうふうに臨めばいいのか。まだまだ完璧ではないですけど、少しずつわかってきました。前回は大きなブレーキをしなかったですし、6位になれたということは少し自信になりましたね。

今度は区間上位で戦える選手を育成すること。そこだと思うんですよ。今季は勧誘も含めて完全な〝新チーム〟としてスタートしたので、いよいよここからだと思っています」

監督就任5年目の今季は1～4年生まですべて両角が勧誘した選手たちで構成される。

「現場と選手勧誘は半分ずつだと思っています」と言う両角。1～2年目はスカウティング活動が手薄になっていた部分もあったが、昨季から美方高校で監督を務めていた西出仁明コーチがスタッフとして加入したこともあり、来年度の入学選手はナンバーワンといえるくらいスカウティング活動が成功した。

「勧誘は成績と比例する部分があると思いますが、何とも越えがたいのがブランドですね。

それはもうどうしようもありません。親御さんは駄目になったときのことを考えるんですよね。そうなるとブランド校を選びます。そういうことばかり言うと負け惜しみになるので、『明治大学や青山学院大学に行きたいという選手がいれば、走りで大学に行くんだったら指導者で選んでほしい。私より西（弘美）さんや原（晋）さんが上回っているということであれば納得できる』というふうに伝えています。現段階では両校のほうが箱根の順位も上なので、偉そうなことは言えないですけど（笑）」

競技への〝向き合い方〟を考える

佐久長聖高校時代の栄光と東海大学での屈辱。そのふたつを経験した両角は、高校と大学では選手たちの〝目指している方向〟が違うことを感じた。

「スポーツに取り組む方向が高校と大学では少し変わってくると思います。高校生は指導者のほうを向いていることが多いですけど、大学生になったら、今度は自分自身に向かせていかないといけません。どんな競技にもいえることですが、スポーツを怒られながらやるというのは、日本独特の風土ではないかなという気がします。

第91回大会（2015年）で東海大学は、好タイムを持つ選手を欠きながらも安定感ある走りで6位に入った。
写真/月刊陸上競技

必要以上に怒る指導者もいるので、監督やコーチの顔色をうかがいながらやる子が多く、怒られないようにやることが競技観になっている選手がいるんです。小学生が先生に怒られるから掃除をちゃんとやろう、みたいな。本来、掃除は先生に怒られるからやるものではありません。大学でも指導者の顔色をうかがっている選手がいて、特に名門校の卒業生に多い印象です。それで、怒られないことがわかると、どう頑張ったらいいのかわからなくなってしまうんですよ」

そういう選手たちの〝意識〟の切り替えがうまくいかない部分もあった。高校時代の悪い思考法を引きずっている選手もいたからだ。そのため両角のやりたいスタイルがなかなか浸透しなかった。

「とにかくグラウンドの上では私が指導力を発揮するので、そこに来るまでのところは、自分できちんとやっておくようにという話はしています。要は生活管理ですね。それでグラウンドに出てきたら、『コーチに依存しなさい』と。高校生のように生活まで管理するのは、年齢的に違うと思うんです。グラウンド外のことでもわからないことがあれば、自分で聞きにくるようにとも言っています」

グラウンドに出てきたらすべての責任を持つ。そう言われれば、選手たちも指導者のコーチング力を信じる気持ちになるだろう。しかし、なかには生活のなかで「遊び」が中心になってしまい、競技でもダメになってしまう選手もいる。

両角は佐久長聖高校の監督時代、教え子たちの個性や性格を見極めて、どの大学に合うのか。指導者との相性なども考えたうえで、選手たちに進学先をアドバイスしてきた。しかし、反対に選手を受け入れる側になると、かなりの〝違和感〟があった。それが大学での指導にも影響した。

「この子がその大学に行って必要とされるのか。何も考えずに送ってくる指導者がいるということを知りました。大学でやることとの心構えすら教わらないで来る子もいるんです。だから、大学で伸び悩んでしまう。

佐久長聖高校の選手は大学で活躍しますね、ということを言われますが、私は選手たちに大学、実業団で競技をすることの意味をしっかりと教えてきました。それは、高校の指導者として当たり前のことです。でも、なかにはブランド力のある大学に送れば勲章であるかのように思っている指導者もいます。学校の進学実績になりますし、親も喜びますからね。

私は必要もないのに早稲田大学や中央大学に行きたいという選手にはダメだと言いまし

た。それでも行きたいのであれば親を呼んで来なさい、と。大学に入ることがゴールではありません。高校時代はウォーミングアップみたいなものだと思っています。走ることでどうやってお金を稼いでいくのか。そういうことを考えると、大学がスタートラインになるんです」

中学、高校、大学と「勉強する」意味を理解しないまま、なんとなく勉強して大学を卒業してしまっている人は多い。両角の言葉は、アスリートだけでなく、すべての学生たちにもいえることだろう。

また大学の監督になった両角は、実業団チームへの就職を希望する選手たちにこんな話をしている。

「高校・大学は自分たちがお金を払ってやっていますけど、実業団はお金をいただいて競技をすることになります。選手たちには、自分が社長だったら自分をとるか？　会社にとって自分がそれだけの価値があるか？　そういう基準を常に持ってやりなさいと話しています。会社にとって自分がメリットというか、有益な存在であるかどうかは常に考えていかなきゃいけませんよね」

サラリー（給料）をもらっている社会人もぜひ胸にとめておきたい言葉だ。

箱根駅伝は〝世界〟へのステップになるのか!?

第82回大会から5区が最長区間となり、山上り区間の影響力が巨大になった。前回の10大会までに5区で区間賞を獲得したチームすべてが往路優勝。そのうち7校がそのまま総合優勝のゴールテープを切っている。なかでも、「山の神」と呼ばれた選手たちの漫画のような大逆転劇はスポーツファンの話題になった。果たして東海大学に「山の神」は現れるのか。両角は箱根駅伝の5区をこう考えている。

「1時間20分を切るくらいの選手なら育成できるでしょう。それが1時間18分台だと運が良くて、1時間16分台だともう一生にひとり巡り合えるかどうかという感じじゃないでしょうか。

適性を見抜くのは凄く難しいですし、精神的な強さというのも不可欠だと思います。そういうところは神野君や柏原君は負けず嫌いな性格で、物怖じしないものを感じられますね。実は村澤に5区をやらせようとも考えていたんですけど、タイミングを逸してしまいました。学生トップ選手が5区をやってみたらどうか。個人的にも興味はありますが、現状を考えると難しいですね」

過去に1時間18分を切ったのは東洋大学・柏原竜二（現・富士通）と青山学院大学・神野大地のふたりだけ。1時間20分を切った選手も15人しかいない。両角はエース村澤を5区に起用するプランも考えていたが、実現することはなかった。

しかし、5区にエース級を配置することが箱根で勝負するポイントになると両角は以前から考えており、東海大学からどんな〝ヒルクライマー〟が登場するのか。非常に楽しみな部分である。

両角は佐久長聖高校の監督時代から〝世界〟を意識させてきた。「箱根から世界へ」という言葉が以前よく使われるが、箱根でどんな快走をすれば、オリンピックにつながるのか？両角にもそれはよくわからないと言う。

「予選会は箱根本番とは違い、失敗してはいけないという気持ちが大きな大会です。それが重たい空気として、選手の肩にのしかかっていました。だからこそ、きちんと戦略を立ててやっていかないと厳しい。失敗しない作戦ですね。でも、そのあたりが選手を大きく育てられてない原因なのかなとも思うんですよ」

そして、本戦に関しても、「シード制」が選手たちの積極性を奪っていると指摘する。

東海大学としては、第80回大会（2004年）の総合2位が過去最高順位。悲願の初優勝の期待がかかる。
写真/月刊陸上競技

「優勝を狙うところは数校で、そういうところは優勝を狙っていればシード落ちすることはまずないですけど、その他の15校ほどは優勝を狙いに行くというよりも、どうやったら10位以内に入れるかという極めて守りの戦いになりがちです。私自身も初日が終わって、どこを見るかというと、トップの大学との差ではなく、10番目と11番目のチームとのタイム差を見て、戦略を考えています。凄くネガティブな勝負しているなと思いながらもやっているわけです。翌年のシード権を獲得するためのレースをするというのは、何か残念ですね」

高校駅伝にシード制はない。「優勝」「メダル（3位以内）」「入賞（8位以内）」という区切りはあるものの、基本的には1つでも上の順位を目指す戦いが行われている。しかし、箱根駅伝は、うまくいけばメダル争いできる一方、失敗すると15位になってしまうというイチかバチかという戦いはまずしない。まずは「シード権」を確保しながら、上をという、〝安全策〟を敷いた戦いになってしまうことが多い。

「世界を目指すと言いつつも、あの距離のレースはオリンピックや世界選手権にはないんですよね。5区のような極端な上りのレースもありません。オリンピックには直接つながらないことを日本の大学生は一生懸命やっています。単に箱根は箱根だけのものであって、ショービジネスであるという部分を受け入れてやっていくことも必要ではないでしょうか。ただ箱根のおかげでタレントが関東の大学に集まっています。そういう特殊な環境のなかで、どうやってオリンピックのマラソンを意識させていくことができるのか。トップ選手は世界を目指すついでに箱根をやるくらいの感覚にならないといけないと思います。まったく異質な種目をやっているので、目指す方向が箱根ばかりだとオリンピックには近づけません。オリンピックを目指す選手は、箱根くらいサラッと走って区間賞を取るくらいじゃないといけませんよ」

両角のかつての教え子である上野裕一郎、佐藤悠基、大迫傑などは、箱根のためのトレーニングはほとんどしていない。トラックのためのトレーニングで箱根に出場して、箱根でも快走を見せている。今後の東海大学にもこういう選手が現れることだろう。

東海大学が初優勝を奪うための戦略

東海大学は箱根駅伝の総合優勝を経験していない。過去最高順位は第80回大会（04年）の総合2位。高校長距離界でダントツの成果を挙げた両角は、大学から〝悲願〟を託されている。同時に、両角は〝世界〟を目指すという気持ちも強く持っている。

「ひとつは2020年の東京オリンピックと、その4年後のオリンピックに現役学生選手、私が大学に来て指導したOBを出場させたいというのが目標です。そのためにも、まずはタレント発掘をして、世界の速さに遅れないような高度なスピードトレーニングと、筋力のパワーアップなどをさせていきたいと思っています」

東海大学では東京オリンピックを見据えて、『湘南プロジェクト』という新たな取り組みがスタート。最先端のトレーニングを導入している。特に「高地トレーニング」は今後、選手育成の核になると見ている両角は、体育学部の教員としても〝研究の柱〟にしている。

「いまも数名の選手が常圧低酸素テントのなかで寝ています。夜はそこに入り、昼間は普通にトレーニングをする。そういうこともしています。他に低圧低酸素室もあるので、自然に近いかたちで、さまざまな標高を設定できるんです。選手たちはその恵まれた施設を頻繁に活用しており、6月の日本選手権1500メートルを制した荒井七海は、レースの直前まで低圧低酸素室でトレーニングをして結果を出しました。また、定期的に最大酸素摂取量を測定して、競技会の記録だけではなく生理学的数値からも身体能力の向上を選手が実感できるような工夫もしています。根性論ではなく、科学的なアプローチで世界を目指すようにしています」

他にも、充実したウエイトトレーニング施設もあり、米国で勉強したエキスパートが月に1回は来て、専門的なアドバイスをもらっている。

「選手たちに目標を大きく持てと言っている限り、自分が『箱根』とだけ言い続けるのもどうなのかなって思います。ただ大学からは、オリンピック選手を10人出すより箱根駅伝で優勝するほうが望まれていることだと思うので、私が大学から給料をいただいているからには、箱根の優勝を目指していかなければいけません。

箱根駅伝の出場を考えれば、多くの選手にチャンスがありますが、2区や5区とか区間賞を狙える選手は、世界を目指せる人間なのかなと思うので、そういう選手を育成していきたいです」

東海大学は前回の箱根駅伝で6位に入った。しかも、箱根メンバーで卒業したのは4区と6区のふたりだけ。前回1年生ながら花の2区を区間7位と好走した川端千都は、近夏のユニバーシアード1万メートルに出場するなど、さらに力をつけている。山上りの5区を2年連続で好走している宮上翔太も健在だ。日本選手権1500メートルで優勝をさらった3年生の荒井七海が6区の候補に挙がるなど新戦力も期待十分。他にも白吉凌、廣田雄希、石橋安孝ら1万メートル28分台のランナーが揃い、戦力的には上位を狙える位置につけている。

「箱根駅伝の優勝はあらゆる条件が揃わないと無理だと思います。他力本願じゃいけないので、まずは優勝を狙える自力をつけて臨まないといけません。現状では、まだちょっと見えていないというのが正直なところです。今季も青山学院大学は相当強いと思います。前回の記録を上回るくらいのものを出してくるんじゃないでしょうか。青山学院大学のように一気にはいかないと思うので、箱根では3位以内というのを目標にできればいいかなと考えています。ただ来季は期待できそうな選手も入学を予定していますし、スカウティングが順調であれば、楽しみだなという気持ちはありますよ。

でも指導者としては、やっぱり自分の教え子がオリンピックのマラソンで活躍することです。悠基がロンドン五輪の1万メートルを走っている姿を見たときは感動しました。せっかく大学の指導者になったわけですから、自分が育てた選手を他の指導者に託すのではなく、早稲田大学の駅伝監督をしていた渡辺康幸君が竹澤健介（現・住友電工）を北京五輪に出場させたように、自分も大学4年間で世界を目指せる選手を育てていきたいと思います。そのためには800メートル・1500メートル系のスピードがあって、長い距離への適性もありそうな選手を勧誘して、伸ばしていきたいですね」

両角は箱根駅伝での実績でいうと、まだまだ乏しい。駅伝監督就任4年間でシード権獲得は1度のみ。予選会の落選も経験している。しかし、筆者は「東海大学は遠くない将来、必ず箱根駅伝を制すときがくる」と感じて、今回の取材をお願いした。

就任5年目の今季は学生駅伝のデータも少しずつ蓄積しつつある。高校長距離界で伝説をつくってきたカリスマ指導者がどんな戦いを見せるのか。母校の箱根駅伝初優勝は？ 自らの夢である〝五輪ランナー〟の育成は？ 両角の最先端のマネジメントに注目したい。

マネジメントの極意

● マイナスな環境をプラスに変える

● 独自の〝スモールデータ〟を重視

● 相手の立場になって考える

第3章

“弱者が強者に勝つ”ためのチームマネジメント

高校時代に輝かしい実績はない選手たちでも、強くなるチームは存在する。簡単に真似できそうで、誰も真似できない。“独自路線”ともいうべき驚きの手法で、選手たちに魔法をかける。弱小軍団だった亜細亜大学を箱根駅伝で優勝に導いた岡田正裕（現・拓殖大学監督）。ノンブランド校を率いて、激動の箱根駅伝で13年連続出場を継続させている中央学院大学・川崎勇二監督。名門校とは別次元の指導を貫くふたりの指揮官が語る、「弱者が強者に勝つ」ためのマネジメントとは——。

亜細亜大学・拓殖大学

ASIA UNIVERSITY ・ TAKUSHOKU UNIVERSITY

雑草軍団を「戦う組織」に変えた、岡田マジックの正体

岡田 正裕

[拓殖大学　陸上部監督]

1945年、熊本県生まれ。亜細亜大学3年生時に主将を務め、チームは初の箱根駅伝に出場。翌年の第44回大会（1968年）には3区を走り、初のシード権を獲得した。大学卒業後は地元食品メーカーのフンドーダイに就職。1986年からニコニコドーの監督、ソウル五輪女子10000m代表の松野明美らを育てた。1999年、低迷していた母校・亜細亜大学の監督に就任。3年目に箱根復帰を果たすと、第80回大会（2004年）で総合3位に大躍進。第82回大会（2006年）では初の総合優勝に輝いた。2008年3月に亜細亜大学の監督を勇退して、九電工（女子）監督に転身するも1年で辞任。2010年、拓殖大学の監督に就任すると、初年度の箱根駅伝でチーム最高順位の7位に導いた。

勝機を逃さなかった雑草軍団の〝強さ〟

06年正月、誰もが予想していなかったことが箱根駅伝（第82回大会）で起きた。優勝候補とはいえなかった亜細亜大学が初の総合優勝をさらったからだ。そのときの不思議な感覚は忘れられない。筆者は読売新聞社内に設置されたプレスルームで多くの記者たちとテレビ観戦していたが、有力校が自滅するたびに記者たちがざわついた。同時に、亜細亜大学の選手たちが順位を上げるたびに、「もしかして」という思いが強くなっていくのを感じたからだ。

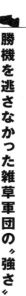

当時、亜細亜大学の監督を務めていたのが岡田正裕（現・拓殖大学監督）で、その指導法は独特だった。すでにスピード化がトレンドになりつつあった箱根駅伝だったが、岡田はマラソン練習のように距離を徹底的に踏むハードな練習を敢行。高校時代に実績がなかった選手たちに〝魔法〟をかけた。

第82回大会は「戦国駅伝」と称され、〝本命〟といえるチームがいなかったものの、順天堂大学と駒澤大学には勝機があった。５区の今井正人（現・トヨタ自動車九州）で大量リードを奪った順天堂大学は7区終了時で後続に3分近い大差をつけていた。残りは3区間。セーフティリードともいうべき差だったが、8区の難波祐樹が中盤から脱水症状に陥り、16キロ過ぎにはよろめいた。その間に中央大学と山梨学院大学をかわした駒澤大学・堺晃一（現・富士通）が猛追して、トップに立った。

一気に5連覇の視界が開けた駒澤大学も9区で失速。後続から急接近してきたのが亜細亜大学だった。1分12秒遅れでスタートした山下拓郎（現・拓殖大学コーチ）が快調なペースを刻んで、19キロ過ぎに並ぶ。そして、20・7キロ付近から徐々にリードを奪った。山下はラスト2・5キロで42秒の貯金をつくると、最後はアンカー・岡田直寛が澄み切った青空の下、初優勝のゴールに飛び込んだ。

優勝した亜細亜大学は、高校時代の実績がない選手がほとんどで、1万メートルの平均タイムは9位（29分28秒61）。第80回大会で過去最高の3位に入ったものの、箱根を制したシーズンは出雲が8位、全日本は11位だった。選手たちは、「前半は焦らずに入って、15キロからペースアップする」という岡田の指示を徹底。有力大学にハプニングが多く、優勝ラインが下がったこともあり、独自の「堅実駅伝」がサプライズを巻き起こした。前回7位からの優勝は当時最大のジャンプアップVで、往路6位からの優勝も過去最大の逆転劇だった。

詳しくは後述するが、高校時代にインターハイを経験した選手がほとんどいないなかで箱根を制することができたのは、「箱根駅伝」だけを考えてチームづくりをしてきた結果だ。この手法で岡田は箱根駅伝で何度も名門校を蹴散らしてきた。これは岡田にしかできないことで、〝名将〟が去った亜細亜大学は数年で箱根路から姿を消すことになる。

反対に低迷が続いていた拓殖大学の監督に岡田が就任すると、初年度でいきなり箱根駅伝に復帰。しかも大学史上最高順位となる7位に大躍進させた。その後も第90回大会で9位に入り、シード権を奪うなどチームを立て直してみせた。

サラリーマンの営業力! お得意先のチームの監督に就任

岡田の指導理念を語るうえで、まずは彼の歩んできた競技人生、指導キャリアを話したほうがいいだろう。岡田は亜細亜大学で箱根駅伝を2度走り、大学卒業後は地元・熊本の食品メーカー、フンドーダイに就職。その後も約10年間「選手」として活躍した。特別に練習時間をもらっていたわけではなく、〝公務員ランナー〟川内優輝(現・埼玉県庁)のように、フルタイムで勤務しながら練習をしていたという。

会社に陸上部があったわけではなかったが当時の社長から、「走りたいなら応援するぞ」と言われて、岡田と同期の中京大学を卒業した選手のふたりで陸上部をスタートした。社長からは、「練習時間はどれぐらいほしい？」と聞かれたが、岡田は首を横に振った。

「特別に練習時間をもらったら仕事が遅れてしまいますし、九州一周駅伝や国体など、熊本県代表として走るくらいなら、仕事の空き時間で十分だと思ったんです」

最近は青山学院大学・原晋監督の「ビジネスマン監督」が注目されているが、岡田もサラリーマン時代はバリバリの営業マンだった。選手を引退した後は、その時間を仕事に費やして、営業成績は常にトップだった。課長職になると、独自のマネジメント力を発揮した。

「練習に充てていた時間を営業に使っていたので朝は早かったですよ。会社は8時半始まりでしたけど、私はだいたい7時過ぎには出社していました。課長になってからは、部下にきっちりと指示するようになりましたね。『君はこの品物の売り上げが少ないから、今日はこれを重点的に売り込んできたらどうだ』『この商品を持ち込んで売らんと表彰台には上れんぞ』などです。

目標の売り上げを22～23日で達成する部下には、『もうお前は遊んでいい。出社してタイムレコードを押したら帰っていいから、来月もまた頑張れよ』と声を掛けました。逆に二日酔いで朝出て来ないやつもいるわけですよ。そのときは私も怒って、『おい、這ってでも出てタイムレコードだけは押せ。あとは帰って寝とけばいいから』と言っていました。最低限のルールは守らせて、あとは結果を重視する。細かいことは言わない。そのほうがキラキラと働くんですよ。それが営業だと私は思っています」

仕事でキャリアを積みながら、岡田は熊本県郡市対抗駅伝「熊本市」の監督として、指導者の道も歩み始めた。

「熊本市の監督として指導しているうちに、女子選手は男子よりも吸収が速いので、おもしろいことに気づいたんです。できれば、365日指導して、女子選手を育ててみたいという気持ちが出てきました」

岡田の営業マンとして凄いところは、自社の商品だけでなく、自分自身をお得意先に売り込んでしまったところだろう。後に監督を務めることになるニコニコドーの社長には、「ニコニコドーのお客さまというのは主婦や女性が中心ですから、女子のチームをつくってもらえないですか」というような話をしたという。簡単に事は進まなかったが、3年後の「本当にうちで女子のチームができますか?」という質問に、岡田は「もちろん、

第82回大会（2006年）で、岡田監督率いる亜細亜大学は復路9区で大逆転。駒澤大学の5連覇を阻止し、初の総合優勝を飾った。
写真/月刊陸上競技

できますよ！」とキッパリ断言した。そして、岡田は40歳のときにフンドーダイの社員として、お得意先であるニコニコドーの陸上部監督に就任したのだ。

「熊本市の監督をしていたので、素材のいい選手がたくさんいることを知っていました。全国レベルで戦える可能性は十分あると思っていましたね。その年から地元・熊本の選手を勧誘したんですけど、そのなかに松野がいたんです」

女子選手の指導で「信頼関係」の大切さを知る

松野明美はその後、ソウル五輪の1万メートル代表に選ばれ、当時の日本記録を更新するなど日本女子長距離界のエースとして活躍。マラソンでも結果を残した。松野の登場は、岡田が指導者としての地位を確立するきっかけになった。

箱根駅伝出場校の現役指揮官のなかで女子選手を本格的に指導した経験があるのは岡田くらいしかいない。男子監督が女子選手を指導するときには、さまざまな〝障害〟があり、男子選手を指導するよりも難しい。

「女子はまさしく異性ですから、まず生理があります。試合のときにも女子更衣室で着替えるので、もちろん私は入ることができません。だから、隔離されてしまう前に、レース時の作戦などを伝えないといけない。男子選手以上に気をつかうことが多いんです」

試合や合宿などで女子選手をマッサージするときも、岡田は注意を怠らなかった。

「私の部屋に選手が来るときは必ずドアをオープンにして、外から見られるようにしていました。ウチの家内に電話をかけてきて、『お宅の御主人は選手をベッドルームに寝かせてよからぬことをしよった』と言う人もいるんですよ（笑）。マッサージのときは短パン姿でベッドに寝かせてやりますからね。

大げさな言い方ですけど、選手には、お前のことは俺が一番わかっているよ、という信頼関係を築くことが大切になってきます。監督が私のために一生懸命指導してくれている、ということをどのように伝えるべきか。ありとあらゆる角度からチャレンジしました」

ニコニコドー陸上部は99年に休部したが、岡田は13年間の監督生活で、選手との「信頼関係」がいかに大切かということを学んだ。時を同じくして、低迷していた亜細亜大学が新たな指導者を探していたこともあり、岡田が母校の指揮を執ることになる。フンドーダイでは部長職になっていたが、退路を断つ意味でも「退社」を決めた。熊本から東京へ、家族を残してひとりで上京する。99年春、54歳のときだった。

監督へのアンケートで「×」が3人

安定したサラリーマン生活を捨て、故郷を飛び出した岡田を心配する人は多かった。なかには、「オリンピックに出た選手を育てたという意味では、指導者として頂点を極めたのに、これから箱根駅伝に出てどうなるんだ」という声もあった。熊本のテレビ局で「54歳の旅立ち」というタイトルの特集が組まれるほど地元の反響は大きかった。しかし、岡田は「ニコニコドーを13年間指導したなかで、燃え尽きた部分がなかった。今度は男子選手で、もう1回チャレンジしてみたい」と冒険に出る決意をした。

母校に凱旋したはずの岡田だが、選手からの歓迎ムードはなかった。オリンピック選手を育てた指導力に期待する気持ちよりも、前任者を追い出したという誤解が選手たちに〝拒否反応〟を生んでいたのだ。

ギクシャクしたまま迎えた1年目の箱根予選会は12位と惨敗した。当時、亜細亜大学の寮は武蔵境キャンパスの近くにあり、そこから大学のトラックがある日の出キャンパスまで通っていた。そこで、岡田は日の出に寮を移転して、トレーニング環境をつくることにした。大雨が降った11月11日、日の出キャンパス内にある宿舎に引っ越した。同時に岡田も選手たちと同じ寮に住み込み、共同生活を開始。8畳一間が岡田の部屋だった。

「日の出に移ってから本格的な練習を始めました。でも、まだ前監督の思いが強かったので、全員に一度、私がなぜ来たのかを説明しました。それでもまだ納得しない選手がいたんです」

そこで岡田はある行動に出た。「私は君たちを早く箱根に連れていきたいという気持ちで、持てる力を出して頑張る。でも、君たちがついて来てくれなければ結果は出ない」と話すと、1~3年生の部員約50名に、アンケートをとった。

「もう理屈は抜きだ。名前はいらん。俺について頑張るのは『○』。岡田はダメだっていうなら『×』を書け」

すると「×」は意外なことに3人だけだった。その3人は2年後の箱根駅伝2区で快走して、後にコニカミノルタでも活躍する前田和之と、1学年上の兄。それと2年後にキャプテンを務めることになる相楽顕。チームの主力ともいうべき選手たちだった。彼らは「話が違う」と他の選手を見渡したという。実は他の選手も「×」を書き込むと思っていたのだ。

「前田兄弟と相楽の3人はすごく反発していました。でも、その分だけ純粋というか、前監督を非常に崇高していたと思います。だから、私のことが嫌だったら寮を出て行け、と言いました。箱根に出場するために君たちを強くするけど、その意に沿えないなら、いらんと」

しばらくは寮を離れていた3人だが、やがてチームに合流。新生・亜細亜大学は再スタートを切った。就任2年目の予選会では戦力も充実。坂田和(前・亜細亜大学監督)がキャプテンを務めて、岡田は箱根出場の可能性を感じていた。しかし、この年はまだ箱根出場枠が15校だったこともあり、予選会突破に一歩及ばなかった。

「通過する自信はあったんですけど、残念ながら落ちてしまって。そのときは私自身も凄く悔しかったですね。OB・関係者の前で涙を流しました。そんなことは自分の指導歴のなかで初めてでした。これだけやってきて、力もあったのに負けたことが悔しくて……。

個人総合20位以内に4人が入ったんですけど、下のほうが続かなかった。特にラストふたりの失速が痛かったですね。その後、予選会はあまり経験しませんでしたけど、箱根駅伝は主力選手がどれだけ頑張っても、出場する10人がある程度の力を持っていないとダメだなということに気づかされました」

自ら手本を示し、選手との距離を縮める

最初は反発した選手からも、徐々に信頼感を得るようになった岡田。選手との信頼関係はどのように築いていったのか。それは意外な方法だった。

「日の出寮はしばらく空き家だったので、一度リフォーム業者を入れて掃除してもらったんです。それでもトイレなどはまだ汚れていたところがあったので、トイレ当番、玄関当番など細かく決めて掃除をしたんですけど、なかなかキレイにならなかった。

それならば、手本を示そうと思って、玄関の拭き掃除からトイレの黄ばみ取りなどを自分でやりました。それを一部の選手たちが見ていて、『監督がトイレを掃除していたぞ』と仲間うちで話すんです。あえて見せた部分もありましたし、自分が手本を示さないと若者はついてこないのかなっていうのは感じていました」

当時、岡田は56歳。選手からすれば父親よりも年上の監督がトイレ掃除を自ら進んでやる姿勢に何も響かないわけがない。また、お風呂を一緒に入ることで、選手たちとの距離を縮めていった。

「私が先にお風呂に入ると、選手たちは敬遠して入ってこなかったんです。だから、選手が入っているときを狙っていきました。お風呂のときくらいは、あまり陸上の話はせずに、彼らは思春期ですから女性の話などをしましたよ。湯船は10人くらいでいっぱいになるんですけど、いつも10人くらい入ってくるようになりましたね」

選手たちとひとつ屋根の下で生活したのは、選手との距離を縮めたいという岡田の狙いがあった。武蔵境にいた頃は、職員用のアパートに入っており、日の出に移転したときも、部屋探しをした。それでも、選手たちともっとコミュニケーションをとるべきだと、「1年くらい」は一緒に住もうとしたのが、ずっと今日まで続いている。

また岡田は練習中には傘を差さないし、ひとりだけ屋根のある場所に避難することもない。雨合羽を着て、選手たちと同じようにずぶ濡れになりながらタイムを計測して、アドバイスに声をからしている。

「選手たちが雨のなかを走っているのに、指導者だけが濡れないわけにはいきませんよ」

こういう姿勢も選手たちの信頼感につながっているのだろう。

「地獄の夏合宿」で選手に自信をつけさせる

岡田の指導は一貫した走りこみがベースになっている。それはニコニコドーで松野明美らを指導しているころに確立されたものだ。松野は小柄で距離が長くなるほど力を発揮するタイプの選手。実業団選手がマラソン練習をするときには、40キロ走で走り込むのがスタンダードだが、岡田の場合は40キロ走ではなく、45キロ走をベースにしていた。

「私がニコニコドーの監督をしていたときに、松野は1万メートルであれよ、あれよという間に日本のトップになりました。松野がマラソンに転向するときに、どのように強化していくべきか考えたんです。マラソンは42・195キロですけど、男子選手の練習を聞くと、だいたい40キロまでしか走らない。なぜ2・195キロも足りないのに、本番で結果が残せると思ったのか、私の純粋な疑問だったんです。

40キロはマラソンの手前ですけど、45キロ走をしておけば、42キロは通過点になる。だったら、45キロ走をマラソンの練習パターンにしようという単純な発想でした。実は50キロ走もやっていたんです。選手は心身ともに疲れ切ってしまいますが、『おい、心配するな。

42キロはこれより8キロも少ないんだから』と言って、選手たちを納得させていました」

そして、岡田は松野のマラソン練習を箱根駅伝に向けたトレーニングに活用した。特に実践の場となったのが、選手の間からは「地獄の阿蘇合宿」と呼ばれた熊本・阿蘇で行われる20日間の夏合宿だ。

「箱根駅伝は1区間20キロ以上の長丁場なので、まずは走り込みをして脚力をつけるというのが対策の第一歩かなと思ったんです。阿蘇は夏の時期でも気候が安定していますし、草原やアップダウンのある芝生コースなどもあって脚の負担も少ないので、ニコニコドー時代から使用していました。

亜細亜大学時代は、1日平均で40キロをノルマにするようになって、徐々に結果が出だしたんです。だから、阿蘇では20日間で800キロ以上走ります。朝練習で40キロ走をやって、午後に60分ジョッグで10キロ以上は走りますから、多いときは1日50キロを超えますね。選手は大変ですけど、この20日間で自信をつけることができるんです」

合宿中は亜細亜大学が優勝したときの練習メニューを張り出して、その右側に、実際に行ったメニューを書き込んでいく。消化具合を比較することで、選手たちに自信をつけさせているのだ。

「だいたい5日おきにミーティングをして、優勝したときの練習をクリアしているぞ、ということを選手の目で確認させます。こういう実績やデータを蓄積して、活用することは、選手育成にも役立ちますね」

20日間という長い阿蘇合宿だけに、走るだけだと選手たちの息が詰まってしまう。「10日おきにバーベキュー大会をやりますし、プールを使えるときは、部屋ごとの対抗水泳大会などもやりましたね」と気分転換も欠かさない。

地獄の夏合宿を乗り越えた選手たちは、強靭な脚力だけでなく、メンタル的にも自信をつけて駅伝シーズンを迎えることになる。

選手たちに〝魔法〟をかける

亜細亜大学は岡田体制3年目に予選会を3位で突破。本戦でも最初のシード権獲得となる7位に入った。あのとき「×」を記した前田和之がエースで、相楽顕がキャプテンというチームだった。3年時まではマイペースで練習を続けてきた前田は、同学年の片岡宏昭が急激に力をつけてきたことで、岡田の指導力を信じるようになった。そして、4年時にその才能が開花する。前田は花の2区で9人抜きを演じて、相楽も4区で区間9位と好走。ともに岡田の期待に応えたのだ。

その2年後、第80回大会（04年）では大健闘ともいえる3位に食い込み、周囲を驚かせる。このときのメンバーは、高校時代にインターハイを経験している選手はゼロ。〝雑草軍団〟というべきチームが、高校時代に活躍した選手たちが多く在籍する有力大学をなぎ倒した。他大学はおおいに驚いたが、岡田にとっては〝計算通り〟だった。

「周囲は予想してなかったみたいですね。でも、そのときの4年生は、私が亜細亜大学に来て、最初に勧誘した選手たちなんです。高校時代の実績はありませんでしたが、『俺がお前に惚れ込んで来てもらったんだぞ』と言って、その気にさせましたよ（笑）」

箱根で3位になったときには、〝岡田イズム〟が完全に浸透していた。チームとして統率がとれていただけでなく、選手たちは岡田の言葉を信じて疑わなかった。翌年も7位とシード権を獲得すると、ついに待ち焦がれた〝瞬間〟が訪れる。第82回大会（06年）での総合優勝だ。大会の詳細は冒頭で述べたが、岡田は優勝できたポイントについてこう語る。

「3位になって7位になって、次が優勝。ちょうどいい言葉で言うと『機が熟した』という感じでしたね。私自身もそうでしたけど、選手たちはシード権だけでなく、自分たちの走りをすれば上位に入れるということを知ったんです。あのときの3位が大きかったですね。いま以上の力をつけることができれば、さらに上の順位を狙える可能性があるわけですから。7位のときは前年よりも順位を落としたんですけど、3位になったときの総合タイムを上回ったんです。だからチーム力は上がっていると思いました」

総合優勝したときの第82回大会のチームも、4区を走った菊池昌寿（現・富士通）以外はインターハイの経験者はなし。他の有力大学ではスポーツ推薦でとってもらえない選手ばかりだった。しかし、岡田は選手たちに魔法をかけた。同時に、高校時代の実績がなくても、箱根駅伝を制することができるということを証明してみせたのだ。このとき岡田はレースの2週間前に、「勝負できる」ことを確信していた。

「12月の11〜21日まで合宿をしたんです。最初はちょっと下ってあとは上りコースの3キロを5本やって仕上げるんですけど、そのときの走りが凄く良かった。速くても8分50秒プラスマイナス3秒で抑えるように指示したんです。箱根登録メンバー16名が競うようにして、3本目に8分30秒台で3〜4人が上がって、私にアピールしました。ペースが上がりすぎたので4本で終わりにしましたが、これだけ走れるなら『おもしろいぞ！』と感じましたね」

天候のデータから導き出した選手起用

当日の区間配置もズバリ的中した。なかでも8区を走った益田稔の起用は見事で、岡田ならではの采配だった。箱根駅伝は1月に行われるが、天気がいいと〝暑さ〟も強敵となり、特に8〜10区を走る選手は、その対策も必要となる場合がある。

「8区に入れた益田は、朝からカンカン照りの夏合宿で強さを見せていたんです。箱根駅伝の2日間は、天候のデータもとっているんですけど、1月3日は天気がいいと、8区あたりから体感的に暑くなってきます。益田を起用したのは暑さのなかでも淡々と走ることができるからです」

トップを走っていた順天堂大学の難波祐樹が脱水症状でフラフラになったこともあり、益田が4分05秒のビハインドを一気にひっくり返して、2位に浮上。9区山下の逆転劇につなげている。あまり目立つことはなかったが、脇役ともいえる益田の好走も、総合優勝には欠かせないものだった。

有力校が総崩れするなか、亜細亜大学だけは完璧な走りを披露した。〝速さ〟ではなく、

〝強さ〟で箱根を制して、岡田は「名将」としての立場を不動のものにした。

その2年後、岡田は母校を去り、九電工女子陸上部の監督に就任した。一方の亜細亜大学は岡田の指導法を引き継いだものの、正月の舞台から姿を見せなくなった。

「前任の教えをそのまま継続することは難しいみたいです。後任の監督たちが、私の教えを実行していないんですよ。当初は、同じような取り組みをしていても、徐々に監督の色が出てしまう。教え子の坂田和が監督をしていたときには、一緒に阿蘇合宿もやって、いい練習ができていたんです。でも、最後の調整の部分が良くなかった。調整力というのが監督の腕なんですけどね……」

岡田が勇退した後、亜細亜大学はすでに3人目の監督が指揮を執っている。箱根駅伝で悲願の初優勝をさらった独自の指導法を亜細亜大学は完全コピーすることができなかった。

拓殖大学の監督就任当初は、過去の手法が通用せず

62歳で女子実業団チームの監督に就いた岡田は、マラソンで再びオリンピックを目指すつもりだった。しかし、会社の強化方針に賛同することができずに、1年でフリーになった。

「私はマラソンを真剣に指導したいという思いでやってきたので、当初は駅伝を外してくれというのが条件でした。でも、駅伝も一緒にやってほしいということになったんです。全日本実業団女子駅伝にも出場しましたが、自分の気持ちのなかで燃えるものがありませんでした」

退社した岡田は、その後、趣味に没頭する日々を過ごしていたが、再び、箱根を目指す大学から監督のオファーが届いた。

「陸上はもういい。あとはゆっくりと自分の好きなことをしようと思って、魚釣りとゴルフを相当やりました。それでも半年だったかな。なんか物足りない気持ちになったときに、ある大学から監督要請の話があったんです。箱根を目指してほしいということでしたけど、大学を見に行くと、亜細亜大学に行ったとき以上の苦労をすることになるなと思ったので、お断りしました。

しばらくして拓殖大学からも監督要請があったんです。当時は予選会を惜しいところで、落選しているチームでしたから、これはやりがいある、おもしろいぞ、と思ったので選手たちと一度会わせていただきました。

すると選手たちが私の話を食い入るように聞くんです。特に谷川智浩（現・コニカミノルタ）と西山容平（現・大塚製薬）は、箱根に出たいんだ、という雰囲気でした。一緒に来てもらった家内も同じようなことを感じたようで、その足で本校に行って、監督をさせていただくことになりました」

すんなりと拓殖大学のオファーを受けた岡田だが、亜細亜大学のときと違ったことがひとつあった。それは留学生選手（2名）を入学させることだった。外国人選手の指導経験がなかったこともあり、岡田は留学生ランナーの指導に手を焼くことになる。

「正直、大変でしたよ。他の部員と同じメニューをやらせましたけど、入学早々の記録会1万メートルでふたりとも27分台で走りました。これはちょっとレベルが違うなと思ったのと、彼らは自己管理ができると錯覚してしまったんです」

日本人の大学生で1万メートル27分台に突入した選手は過去に11人しかいない。そんな領域にいとも簡単に入ってしまうポテンシャルに岡田は驚かされた。そして、雑草軍団を強くした手法はまったく通用しなかった。

「いきなり1万メートル27分台では私も教えることがない（笑）。でも、日本の生活に慣れるにつれて、徐々に太ってきたんです。練習も彼らのやりたいことを尊重しましたが、どうしても雑なほうに流れてしまって。いま振り返ると、甘やかしてしまったかなと反省

拓殖大学監督就任1年目の第87回大会（2011年）で、いきなり拓殖大学は過去最高の7位に入り、13年ぶりにシード権を獲得した。
写真/月刊陸上競技

しています」

しかも、ケニア人留学生にとって「駅伝」は未知なるもの。就任1年目の第87回大会（11年）の2区に起用したジョン・マイナは区間6位と本来の力を爆発させることはできなかった。それでも、他の日本人選手たちは、岡田の指導で確実に強くなった。

「私が亜細亜大学で実績をつくってから拓殖大学に来たので、選手たちの私を見る目が亜細亜大学のときとまったく違いましたね。拓殖大学では、箱根を優勝させた監督が我々を指導してくれる、こんなにありがたいことはない、という雰囲気でした。だから、選手たちは素直に言うことを聞いてくれてやりやすかったですし、それが結果につながったと思います」

岡田が来る直前の5年間で、拓殖大学が箱根駅伝に出場したのは1回（17位）のみ。岡田が監督に就任して、5年間で箱根駅伝に4度出場。2度のシード権を獲得している。またしても岡田は選手たちに魔法をかけた。

自主性重視は、指導者の怠慢

岡田は拓殖大学でも寮に住み込み、選手たちに徹底的な指導をして、「戦う組織」をつくりあげてきた。その指導には自身のサラリーマン時代の経験が多分に生かされているという。まずは「挨拶」だ。

「挨拶をして損をすることはないというのが私の持論です。私もサラリーマン時代に営業先では、大きな声で挨拶をしていました。それでも、見向きもしない人がいるわけですけど、続けているうちに、『岡田さんが来るとすぐにわかるようになりました』と言われるようになりました。

挨拶ができるということは、自分が前向きになる第一歩です。ウチにはレベルの高い選手はあまりいなかったので、朝練習で『おはようございます！』と元気を出すことで、一日が変わってきます。これは癖みたいなもので、反復することで自然と身に付くので、人に会ったときには、何も考えずに『こんにちは』と挨拶ができる人間を育てました。挨拶をされて嫌な気持ちになる人はいませんからね。

特に社会人になって挨拶ができるだけで、会社での自分の立ち位置がプラスになります。卒業生が来たときにも、『監督に習ったことがいまも生きています』とよく言われます」

亜細亜大学時代には選手が近隣の方にも挨拶をするので、日の出町議会から「挨拶運動」で表彰されたほどだ。他にも岡田の指導には、サラリーマン時代に得たノウハウが存分につぎ込まれている。

「大学に入学したとしても、4年後には社会人になっているわけです。走ることに関してよりも、社会人になったら、そういうことは気をつけないといかんぞ、という話をするようにしています。挨拶はもちろん、報告義務も徹底させましたよ。

社会人になったら、必ずその日の売り上げと明日の計画を営業報告で出さないといけません。それを応用したような感じで、選手たちには体調と練習の報告を毎日書くようにさせました。それを私が見て、コメントを書いてフィードバックする。ちゃんと書く選手もいれば、なかには数日分をまとめて書く選手もいるんですけど、そういう選手は字を見ればわかりますね。

毎日書くことで、自分の体調管理もできてきます。起きた時間、寝た時間、食事、排泄状況など項目がいくつかありますけど、それをやらせることは、営業報告いろはの〝い〟

だと思っています」

岡田の指導法は、選手の生活指導を徹底するのが特徴だ。それは、指導者は選手に対して〝責任〟を果たす義務があると考えているからだという。

「自主性でやらせています、というのは、いまどきの選手が飛びつきそうな言葉ですよ。しかし、自主性ほど無責任なことはないと私は思っています。選手たちには、私の指導を受けるなら100パーセント指導に従ってもらうように言っています。だから各自フリーの練習は少なくて、ジョッグのときもグループ走にして時間も決めることが多いですね。選手たちを徹底して管理・指導することが、私にとって責任ある指導法だと思っていますから」

「自主性」という甘美な言葉ではなく、指導者主体の「徹底化」。岡田は選手たちをしっかりと管理することで、〝雑草軍団〟を「戦う組織」に変えていった。

選手勧誘のポイントは「好き」と「マジメ」

岡田の指導してきた亜細亜大学と拓殖大学は、いずれも高校時代に実績のない選手たちが中心の構成になっている。前述したとおり、亜細亜大学が箱根駅伝で3位になったときは、インターハイ出場者はゼロだった。総合優勝したときでさえひとりだけ。岡田のスカウティング術も他の有力大学とは違う。

「いついつに先生のところにお伺いします。本当はこの選手を勧誘したいんですけど、難しいようでしたら、ふたつの条件を満たしている選手を先生から紹介していただけませんか?」と言って、実績はなくても、岡田の指導で絶対に強くなるという選手をスカウトするのだ。

「この選手に来てほしいと思っていても、強豪校に取られていくのが現実です(笑)。なので、まずは陸上が好きということと、競技に対してマジメである。このふたつは絶対に必要な条件です」

箱根駅伝で総合優勝したときに1区を務めた木許史博も、こうやってスカウトした選手のひとりだ。勧誘した当時、木許は大分東明高校で4番手の選手だった。全国高校駅伝では1区を任されるも、区間41位。そんな選手が大学進学後に大きく成長した。3年時の箱根駅伝は1区で区間賞争いを演じて、区間2位。4年時には1万メートルで28分53秒41の大学記録を樹立。スターターとして箱根駅伝の総合優勝にも貢献した。

「木許は高校2年生のときに勧誘しました。大分東明高校は強豪校ですから、ナンバーワンは無理でも、せめてツーかスリーを思っていたら、4番手だったんです。当時はあまり魅力あるフォームじゃなかったですね。上の3人は大学で伸びませんでしたけど、木許は頑張ってくれました。必ずしも高校時代に活躍した選手が強くなるとはいえません。成長しそうな選手を勧誘することがポイントだと私は思っています」

岡田のチームには即戦力的な選手が入学することが少ないこともあるが、選手たちは3～4年時で強くなる傾向がある。長い時間をかけても成長できるのは、陸上が好きで、マジメに取り組める選手を集めていることも要因だろう。

今年の『陸上競技マガジン4月号』に、箱根出場校の大学4年間の「自己記録達成率ランキング」が掲載されており、拓殖大学が5000メートルと1万メートルの両種目でトップだった。大学入学時のタイムは箱根出場校のなかで、例年底辺に近いが、選手たちは岡田の指導で確実に力をつけている。

箱根だけは勝てる要素がある！

岡田は15年の7月に70歳を迎えた。箱根駅伝を目指す監督で、70歳を越えてなお、現場に出て指導を行っているのは岡田ぐらいだ。今季も拓殖大学を率いて、箱根駅伝での〝サプライズ〟を目指している。

「長い距離をしっかり走る努力をすれば箱根駅伝で勝てる可能性はあると思っています。これが、距離の短い出雲や全日本では難しい。選手の素質で走れてしまう部分が大きいので、拓殖大学の選手では勝てません。でも、箱根だけは勝てる要素がある。それが私の一貫した指導方針につながっています」

今年の正月に行われた箱根駅伝は、6年ぶりに日本人だけの構成で挑み、総合16位と振るわなかった。しかし、今季は主将の金森寛人が成長。5月の関東インカレ（2部）では5000メートルと1万メートルで4位と3位に入っている。またエチオピアからの留学生、ワークナー・デレセがチームに加わったことも大きい。

「最近の選手は高校のときから、頭でっかちで来ているんですよ。たとえば、青山学院大学や駒澤大学は、凄い練習をしていると思い込んでいる。

関東インカレでは金森が好走してくれました。彼ひとりが特別な練習をしてきたわけではありません。金森が活躍してくれたことで、他の選手たちも自分たちはできるんだという気持ちになっています。

拓殖大学には専用グラウンドがないので、味の素スタジアムのサブグラウンドを木曜日の15時〜18時に使用させていただいています。スピード練習ができるのは、1週間にその1回だけなんです。それでも金森は結果を残していますし、スピード勝負で勝てなくても、お前たちは他の大学がバテるところでバテんぞ、ということは言い続けていますよね」

拓殖大学は今年6月に行われた全日本大学駅伝の関東学連選考会で16位と低迷したが、岡田はまったく心配していない。これまでのように「地獄の夏合宿」で選手たちが変わることを知っているからだ。

夏を越えてどうチームが成熟していくのか。まずは10月の箱根予選会で小さな衝撃を与えてくれることだろう。そして、正月の箱根駅伝で、岡田はどんなマジックを見せるのか。

マネジメントの極意

- 箱根だけに焦点を置いたチームづくり
- 選手との距離感を縮めて信頼感を得る
- 自主性に頼らずに指導を徹底する

中央学院大学

CHUO GAKUIN UNIVERSITY

『箱根駅伝は、選手強化の過程』ノンブランド校が貫く流儀

川崎 勇二

［中央学院大学　駅伝部監督］

1962年、広島県生まれ。兵庫・報徳学園高では全国高校駅伝に3年連続で出場。主将を務めた3年時には1区（区間11位）を走り、チームの準優勝に貢献した。順天堂大学では3年時に箱根駅伝（第60回大会／1984年）の7区に出場（区間9位）。1985年に中央学院大学の常勤助手となり、陸上部コーチに就任。1992年、駅伝部監督となる。第70回大会（1994年）で中央学院大学を初の箱根駅伝へ導くと、前回まで13年連続16回の出場。第84回大会（2008年）にはチーム最高位となる総合3位という成績を収めた。2011年に法学部教授となる。

箱根駅伝の優勝よりも、息の長い選手を育てたい

「箱根駅伝の優勝よりも、ひとりでも多くの実業団選手を育てたいんです」

ここまでキッパリと言い切れる指導者がいるだろうか。中央学院大学駅伝部の監督を務める川崎勇二のマネジメントは、箱根駅伝常連校のなかで特異な性質を持っている。

「箱根で勝つことを考えると、やっぱり無理があると思うんですよ。まずは選手に負担をかけるということ、それなりにポテンシャルの高い選手を勧誘しないといけないという自分自身のストレスもあります。

これは、『逃げ』になるのかもしれませんけど、大学で優勝できなくても、ひとりでも多く実業団に行って活躍してもらいたい。03年に卒業した福山良祐（現・Ｈｏｎｄａ）もまだ現役ですし、ＯＢの選手たちは、長く競技を続けてくれています。

いまの子たちには、『大学で燃え尽きたいなら、私の練習では絶対に無理だから、自分で上乗せしなさい』と言っています。同時に、実業団に行きたい選手には、大学でやっていることを継続できれば、実業団でも必ず通用するからという話はしています」

箱根駅伝の優勝を目指すのではなく、将来のために選手を強化していく過程で、タイミングが合えば勝つこともあると川崎は考えている。ところが、多くの指導者は箱根を意識せざるをえない状況にあるのが現実。口では箱根がすべてではないと言いつつも、結局は箱根駅伝をゴールに置いてしまう。これが選手の燃え尽きる原因でもあり、箱根駅伝の課題でもある。

「箱根がすべてではないという意見を持つことは、選手も指導者も絶対に必要です。建前上は皆さんそう言っていますが、大学の指導者は箱根のことで頭がいっぱいで、良い選手を獲得することばかり考えています。そうじゃなくて、選手の個性を生かして、どうやったら先につながるのか。指導者はそのことを真剣に考えていくべきです。

本気で箱根の優勝を目指す大学は仕方ないと思うんですよ。プロ監督が多いので、当然、結果も求められます。私個人としては、箱根の優勝よりも、ひとりでも多く東京オリンピックに！　という発想に変えていかなければいけないと思っています」

第79回大会（03年）で初のシード権獲得に貢献した福山良祐は、今年で35歳を迎えたがいまだに現役。日本選手権を2度制した篠藤淳（現・山陽特殊製鋼）も、30歳を越えてなお、3000メートル障害の第一人者として活躍している。実業団でパッとせずに終わってしまう箱根ランナーが多いなか、中央学院大学の卒業生は息の長いランナーが多い。これは選手たちが川崎の教えを実業団に行っても忠実に守っている証だろう。川崎は卒業していく選手たちに必ず、次のことを伝えている。

「本当の勝負はこれからだから、やってきた基本だけは継続しろよ、と卒業生には言いますね。大学時代に補強と動きづくりとジョッグの大切さを教えているので、困ったら基本をやりなさい、と話してきました。

実業団に行くと派手なことをやりたくなるんです。速いペースでのインターバルや高地合宿などですね。実業団の指導者は、2～3日に一度のポイント練習しか見ていないことが多い。あとは選手任せです。ポイント練習の合間にするジョッグでリズムを崩す選手がたくさんいます。だからウチはジョッグをとにかく大事にしているんです」

中央学院大学は箱根駅伝で安定した成績を残す一方で、実業団での活躍も目立つ。そこにはどんな秘訣が隠されているのか。じっくりと解き明かしていきたい。

予選会突破のカギは、「集団走」

20年前、「中央学院大学」を知っている人がどれぐらいいただろうか。

箱根駅伝に出場する大学は、早稲田大学、中央大学、青山学院大学など人気、知名度ともある大学が多い。そのなかで、決してブランド校とはいえない中央学院大学が毎年のようにシード権争いを繰り広げている。

中央学院大学は「駅伝部」の名のとおり、長距離部員しか在籍していない。他の大学三大駅伝においては、さほど目立った成績を残してはいないが、箱根駅伝に関しては抜群の〝安定感〟を誇っている。前回までに13年連続して出場しているのだ。

現在13年以上連続出場している大学は、東洋大学、駒澤大学、日本体育大学、早稲田大学、山梨学院大学、中央大学、そして中央学院大学の7チームしかない。40回以上の出場を誇る伝統校の東京農業大学、法政大学、専修大学、日本大学、順天堂大学、神奈川大学、大東文化大学、東海大学も〝激動の波〟に飲み込まれてきた。

しかも中央学院大学はただ出場を続けているだけではない。この13年の間にシード権を

6度も獲得して、第84回大会（08年）には3位に食い込んでいる。今年の正月に行われた第91回大会でも8位に入り、次回大会のシード権を獲得。連続出場を14年に延ばすこととなった。

中央学院大学の凄いところは、戦力が整っていない年でも予選会を突破することだ。陸上長距離に関する論文を数多く発表し、自身も箱根ランナーだった川崎によると、箱根駅伝の予選会を通過する〝戦術〟は確立しつつあるという。

「これまでに何度か危機的状況がありました。もう落ちると覚悟したのが、藤井啓介（現・トヨタ自動車）が3年生のときですね。全日本大学駅伝の予選会が20校中19位だったんですよ。普通ならダメだと思いますが、箱根の予選会を8番目で通過したんです。戦力的には落ちる覚悟はしていました。でも、予選会を乗り越えるノウハウはなんとなくわかっていたので、その部分でクリアできたかなと思います」

川崎が語る予選会を突破するノウハウ。そのひとつとして、現在では多くの大学が採用している「集団走」がある。箱根駅伝の予選会は、20キロのコースを各校上位10人の合計タイムで争うため、失速する選手を出さないためにチームでまとまって好記録を目指す方法だ。この集団走という戦術は、箱根ファンの間にも知られるようになったが、本格的に導入したのが川崎だった。第69回大会の予選会（92年10月）からである。

「予選会は10人の合計タイムなので、数人が良くても10人目がダメだったらアウトなんです。当時はひとり平均が63分そこそこだったら通ったんですよ。となると5キロを15分30秒から16分00秒ペースで通過していけばいい。それは集団の力を借りれば何とかなりますし、そういう練習をずっとしていました。個人では走れなくても集団では走れる選手はたくさんいる。集団の力というのは非常に大きいと感じていたんです」

中央学院大学には外国人留学生もいなければ、当時のチームにはスーパーエースもいなかった。集団走は、絶対的エースがいない大学ならではの戦術だった。このような独自の戦法は、箱根本戦でも発揮されている。

2区はつなぎ、8区を重視

箱根駅伝での中央学院大学は、なぜか「8区」に強みがある。第82回大会（06年）の杉本芳規と第86回大会（10年）の木之下翔太が区間賞、ここ3年間も区間8位、3位、8位と非常に安定している。この理由について川崎は「8区というのは他の大学が軽視しているので、差をつけるとしたらそこしかない。なおかつ8区は後半に遊行寺の上り坂があるので、バテると大差がつくんですよ。リスクは最小限にしたいなというのと、できれば稼ぎたいという思いから8区をポイントにしています」と説明する。

箱根駅伝で最重要視されるのは、花の2区と山上りの5区だが、前回の第91回大会では、チームの主力であった潰滝大記、塩谷桂大、及川佑太（現・YKK）の3人を1区、3区、5区に配置。2区は〝つなぎ〟と考えて、当時2年生の海老澤剛を抜擢した。結果的には主力3人が区間上位で駆け抜けて、往路を5位でUターン。復路では8区に起用された成長株の山本拓巳が粘り、総合8位でシード権を獲得した。

大会前、中央学院大学は決して注目されていたわけではない。予選会は5位通過で、シード校10チームを入れれば、単純計算で15番目のチームだったからだ。しかし、箱根駅伝を知り尽くした川崎は、そんなチームを8位まで押し上げたのだ。少ない戦力でいかに効率よく戦うのか。他大学と比べると、一見アンバランスな区間配置こそが、川崎が〝勝つ〟ために考え抜いた独自の戦略だった。

個性豊かなエースたちが育つ理由

中央学院大学には、何年かにひとり学生長距離界でもトップクラスのエースが育っている。近年でいえば、在学中に3000メートル障害で日本選手権を制し、箱根駅伝9区で区間記録を樹立した篠藤淳（現・山陽特殊製鋼）。篠藤の1学年下で、箱根や全日本で区間賞を獲得し、在学中に世界ハーフマラソン代表にも選ばれた木原真佐人（現・カネボウ）。それから、箱根予選会で日本人トップに輝いた藤井啓介（現・トヨタ自動車）などがいた。そして、今年は4年生の潰滝大記が「学生長距離界のエース」と呼んでいいくらいの大活躍を見せている。

潰滝は今年の日本選手権3000メートル障害で篠藤以来の優勝を飾り、5000メートルと1万メートルでユニバーシアードに出場した。そんな中央学院大学のエースたちは、共通して「超」がつくほど個性的だった。

木原は持ちタイムではずば抜けた存在だったが、ジョッグが遅く、それがチームに悪影響があったという。川崎監督は「木原は大学時代からそれが欠点なんです。だから長い距離は無理なんですよ。彼の影響があって、ジョッグはまとまってするようにしています」と語る。部の方針を変えてしまうほど、木原の存在感は大きいものだった。

「藤井も印象に残っていますね。彼も強烈な個性でしたから。ただ藤井はチームに明るさというのを取り入れてくれました。空き時間には、みんなでゲーム大会をやったり、チームを盛り上げるんです。その影響が潰滝や塩谷などにも残っていますね」

藤井が3年時は、前述したとおり「危機的状況」だった。その苦しい時期に3年生ながらチームを引っ張ったのが藤井であり、そのときにできた良い流れがいまのチームにも引き継がれている。ちなみに、藤井が4年時の箱根駅伝チームエントリーの記者会見で川崎が「今年は藤井だけ。藤井を生かすレースをする」とコメントするほどの選手だった。

そして、潰滝も強烈な個性の持ち主だ。数多くの選手を見てきた川崎が驚くほどのマイペースぶりで、その代表的な例が、試合前のアップをほとんどしないことだろう。

「高校時代からそうでしたけど、いつアップすんねんと思って見ていると、何もしないんですよ。着替えて、コールして、グラウンドに行くじゃないですか。ダッシュ1本か2本して、それでレース出るんですよ」

ちなみに潰滝はクールダウンもまともにしないという。それを容認してしまうのも川崎

第84回大会（2008年）は、9区の篠藤淳が区間新記録の快走で、過去最高順位（3位）を飾った。
写真/月刊陸上競技

流だ。

「ウチはオーダーメイドの練習が多いんですよ。たとえば潰滝は、潰滝用の練習をしないと強くなりませんし、木原なんかもそうでした。当然全員でやる練習もあるんですけど、特に調整はそれぞれ個人の考え方とか個性がありますから、そのあたりはうまく使い分けているつもりです」

もちろん、強いからといって、すべてを容認しているわけではない。チームに悪影響を与えるような選手には厳しく対処している。

「競技に関しては明るく元気にやってくれればいいと思っています。ただし、チームの和を乱すようなことは決して許しません。塩谷なんかは寝坊などをして、坊主頭にすることもありましたけど、気持ちが入ってないときには試合には出しません。今年の関東インカレもあえて出しませんでしたから」

塩谷桂大は現チームの副将を務め、潰滝に次ぐチームの主力だ。塩谷クラスの選手であれば体調を崩さない限り、主要レースを外すことはないが、川崎は厳しい態度を示した。

「塩谷は何回も私のところに来ましたが、いまのお前が出場しても、お前のためにもチームのためにもならんぞって話をしました」とチームのことを考えての判断だった。

7月までは自分の好きな種目をこなし、夏合宿から駅伝用のトレーニングへ

自分のやりやすい型にはめて指導する監督やコーチは多いが、川崎の場合は個性を尊重して、それぞれの長所を伸ばすような指導を心がけてきた。その結果、日本を代表するような選手を数多く輩出している。

「私は選手としては三流でしたから、自分の型にはめるようなことをしても仕方ありません。私の学生時代の記録は、ほとんどの選手が超えていますからね(笑)」

個性的という意味では、篠藤、潰滝のほかにも、箱根駅伝初出場に大きく貢献した町田次雄など、3000メートル障害に強い選手が現れるのも中央学院大学の特徴だろう。駅伝強豪校のなかには、ケガのリスクを考えて3000メートル障害をやらせない監督もいるが、川崎は選手の気持ちを優先させている。

「やりたい子にはやらせています。3年生の村上優輝もインターハイの3000メートル障害で入賞しているんですけど、『やりたい』と言わないのでやらせていないだけです。昨年の主将だった芝山智紀はインターハイで2位に入っているんですよ。でも、『やりた

い』と言わなかったのでやらせませんでした。反対に潰滝は『やりたい』と言うのでやらせているだけです。確かにケガのリスクはありますが、本人がやりたいことをやらせないわけにはいきません。

とにかく前半戦は自分の好きなトラック種目で自己記録を更新しようっていうのがチームの考えなんです。夏を過ぎたらトラックを捨てて、長い距離の練習に向かっていくスタイルなので、ウチは完全に『二期制』ですね。関東インカレのハーフマラソンにフルエントリーしないときがあるのはそのためです。去年は誰も出場していませんし、今年は大森澪ひとりでした」

3000メートル障害では、過去ふたりの日本選手権チャンピオンが誕生しているが、特にこの種目を強化しているわけではなく、選手のやりたい種目をやらせた結果なのだ。7月までは各自が好きな種目をこなして、夏合宿から「駅伝用のトレーニング」に切り替えていく。それが中央学院大学のスタイルだ。

1500メートル5分台のチームから箱根駅伝に到達

川崎が中央学院大学に常勤助手として赴任したのは85年。長距離のコーチを探していた陸上部が、順天堂大学の澤木啓祐監督（当時）に相談したところ、教え子である川崎が紹介されたかたちだった。

「たまたま体育主任の先生が順天堂大学で短距離をやっていた方で、その縁ですね。大学として強化しようという考えはなかったみたいです。箱根駅伝も近年のような人気はなかったですし、特に地方の高校生は、『中央学院大学』なんて誰も知らないわけです。私も千葉県にいながら知らなかったぐらいですからね。そこに行けと言われても、どこですか？　という感じでした(笑)」

当時は同好会のような陸上部しかなく、箱根駅伝など夢のような話であった。長距離部員は1500メートルで5分以上かかる選手しかおらず、川崎の赴任とともに入ってきた1年生が一番速くて4分30秒というレベル。当然、名門・順天堂大学にいた川崎にとっては衝撃的な遅さで、「箱根駅伝」という言葉は浮かんでこなかった。

「その先生は箱根駅伝って言っていましたけど、私はふざけんなって思ったんですよ。1500メートルで5分かかるような選手ばかりなのに、『箱根駅伝』なんて恥ずかしくて言えません（笑）。ただ、コーチとして一緒に走ってあげて、記録を伸ばしてあげられたらいいと思っていました。だから佐倉マラソンなど近隣のローカルレースにたくさん出ましたね」

当時は陸上部を強くしようというよりは、同好会やランニングクラブのように「走る楽しさ」を選手たちに教えていた。しかし、コーチ就任3年目に転機が訪れる。順天堂大学の2学年後輩で、現在はキヤノンAC九州の監督を務めている衞藤道夫が実技助手として大学スタッフに加入。衞藤は箱根駅伝にはほど遠い選手たちを、真剣に強くしようと考えていたからだ。

「彼は5000メートルで16～17分かかるような弱い選手たちに、箱根のビデオを見せていたんですよ。最初は、何やっているんだ？　と思っていたんですけど、彼から『川崎さん、そういうところから始めないと、何も変わりませんよ』と言われたんです。そのあたりからですね、私が『箱根駅伝』という言葉を口にするようになったのは」

とはいえ、当時はスポーツ推薦もなく、予選会にはただ出場するだけで順位すらつかなかった。初めて予選会で順位がついたのは、川崎が就任して6年目の第67回大会だった。そして翌第68回大会の予選会後に強力な支援者が現れる。

「第68回大会の予選会が11位だったんです。当時の石本三郎学長が昔、東洋大学で箱根駅伝を走られた方で、予選会の結果を見て、私がポケットマネーで出してあげるから頑張ってみなさいと言われたんです」

この言葉を聞いて、川崎は本気で箱根を目指すことになる。それまでは一般受験で入学してきた選手を地道に育てることしかできなかったが、〝ホワイトナイト〟の登場でチームが変わるという確信があったからだ。そして翌年、早くも本戦出場を狙えるチャンスがめぐってきた。

「第69回大会で初めて予選突破を狙いに行きました。4年生に実業団のAGSで監督をした平野進がいて、ふたつ下には本田技研工業(現・Honda)に進んだ町田次雄という2枚看板がいたので、このふたりの力があればなんとかなるなと思ったんです。

実は初めて北海道合宿に行ったのもそのときなんですよ。いまは大学から補助が出ますが、当時は学校からお金は出ないので全員自費です。厳しい子には私のポケットマネーで1万円とか2万円を補助してあげました。当然、選手の親御さんにも理解を得なければいけませんので、『本気で箱根を目指すんだ』ということを選手のほうから親御さんに伝えてもらいました」

初の北海道合宿も行い、チームは〝新たな一歩〟を踏み出そうとしていたが、不運が重なった。

「予選会の直前にトラブルがふたつありました。平野君の実家が農業をやっていまして、9月になると稲刈りに行くんですけど、そこで腰を痛めてしまって。町田君は予選会のちょっと前にお父さんを交通事故で亡くしたんです。それでエースふたりが当日まったく走れなくて、落選しました。私としては第69回大会に出るつもりで学生と一緒にやってきたんですけど、残念ながら手が届かなかったですね」

アクシデントにより出場は逃したものの、中央学院大学は夢の箱根駅伝出場に着々と近づいていた。そして、ゼロからスタートして8年。ついに念願の〝瞬間〟がやってくることになる。

フラッシュイエロー軍団の誕生

第70回大会の予選会、中央学院大学は前述した〝集団走〟を用いて5位に食い込み、初めて箱根駅伝への出場権を勝ち取った。ここにも川崎のマネジメント術が隠されていた。実は前年の予選会で川崎は初めて「集団走」を試みているが、うまく機能しなかった。

「神奈川大学の大後（栄二）先生は必ずイーブンペースだったですよ。当時から集団走に近いことをやっていたので、参考にさせていただきました。ひとりでは走れなくても、集団では走れるという選手がたくさんいたんです。20キロは序盤に飛ばすと難しい。ペースをコントロールできる人間をリーダーにして、イーブンペースで走る。その戦略がハマりましたね」

エースの町田だけひとりで行かせて、あとの13人は集団でレースを進めた。走力の高い選手に記録を狙わせるのではなく、下の人をしっかり走らせることで、トータル的にタイムを稼ぐ作戦だ。実は第70回大会の予選会からランニングパンツの色を「フラッシュイエロー」に変えて、目立つようにしている。

「前年までは白いランパンに、上が青のユニフォームでした。どこでもある配色だったので、自分たちの選手を見つけるのが難しかったんです。体育の授業でテニスをやっていて、テニスボールがこの色じゃないですか。どこにもない配色で、なおかつ目立つ色といったらフラッシュイエローだと思ったんです」

当時の予選会は大井埠頭で行われており、大集団となるレースで選手たちに指示を出すのが難しかった。ランナーの通過は一瞬。自分たちの選手を見つけて、指示を出す。13人のフラッシュイエロー軍団はよく目立った。しかも、初めて予選会を突破。中央学院大学が見せた「集団走」は、箱根駅伝の予選会では革新的な戦術だった。

素人集団に名門のメソッドは通じない

川崎は順天堂大学時代、後に日本陸連専務理事も務めた澤木啓祐のもとで箱根を目指した。順天堂大学は箱根駅伝で11度も総合優勝をしている超名門。澤木は川崎の恩師であり、中央学院大学に着任した当初は澤木に学んだことを生かそうとしたが、ことごとく失敗した。

「澤木先生から教わったのは、『陸上競技は理論が必要だ』ということでした。でも、理論の部分を選手たちに聞かせても、チンプンカンプンだったんです。選手の競技レベルが低く、理解するのが難しかった。スピード重視の練習も同じようにやりましたけど、まったくできなくて。こういう子たちには澤木方式はまったく効果がありませんでした」

素人集団に名門のメソッドは通用しなかったのだ。そこで、川崎が新たに取り入れたのが、母校・報徳学園高校時代の恩師で、現在は大阪経済大学の監督を務める鶴谷邦弘から学んだ練習方法だった。

報徳学園高校は全国高校駅伝で史上初の3連覇を含む6度の優勝を果たしている名門とはいえ、大学が高校から学ぶというのは逆説的になる。しかし、この新メソッドが中央学院大学にフィットした。

「鶴谷先生と澤木先生は正反対の人なんですよ。鶴谷先生はカンで物事をやる方で、意味のない練習もしょっちゅうでした。大学は反対に理詰めで、科学的なデータをもとにやる。幸い私は両者から教えていただいたので、そのやり方を融合させました。中央学院大学というチームのレベルでは、澤木方式のような高度なことはまったく意味がなく、意外なことに鶴谷先生から教えていただいたことが役に立ちましたね。気づけば距離を走っているような練習を、当時は主流にしていました。とにかく長い距離さえ踏めば、20キロを63分そこそこで走れる。そうすれば、予選会は通過できたので、5000メートルでギリギリ14分台の選手たちでも当時は箱根駅伝に出られたんです」

いまでは考えられないが、当時はチーム全員でフルマラソンの大会に出ることもあったという。そうやって距離を走らせて、集団走での20キロを63分で走れるための実力を養ったのだ。

ハード面の整備で低迷期を乗り越える

初めて正月の晴れ舞台に立ったフラッシュイエロー軍団は、その翌年も予選会を突破したが、その後は低迷期を過ごすことになる。

モスクワ五輪の5000メートル・1万メートル代表の喜多秀喜が帝京大学の監督に、ソウル五輪5000メートル・1万メートル代表の米重修一が拓殖大学の監督に就任。ビッグネームの元選手を監督に招聘するなど、新興チームが本格強化に乗り出して、箱根駅伝は群雄割拠の時代に入ったからだ。

同時に予選会のレベルも急上昇。前年チームのタイムを超えたとしても、予選会を突破することができない状態が続いていた。当時は、練習環境が恵まれていなかったことも敗因だった。99年ごろからグラウンドの改修工事が始まり、トラック練習ができなかったのだ。

「当時は製鉄所に大きな芝地があってですね。そこに自分たちでコーンを置いて、簡易トラックをつくって、走りました。他にも道路で400メートルを計測して、インターバルなどもやっていたんです。どうしてもグラウンドを使いたいときには、成田市にある陸上競技場まで行きましたね」

00年にグラウンドの改修工事が完了して、土のグラウンドはオールウエザートラックに生まれ変わった。その翌年には駅伝部専用の寮も完備された。

それまではワンルームのアパートを1棟借り切り、そこで選手たちは集団生活をしていた。当初は選手たちの自炊だったので、1部屋を「食事部屋」として活用。そこに選手たちがローテーションで集まり、食べるようにしていた。「これではいけない」と川崎は新たな寮の整備を大学側に直訴して、第77回大会の年に、選手たちは寮を移ることができた。実はその翌年から箱根駅伝の連続出場が続いている。

「元々はある企業の独身寮だったんですよ。お風呂と食堂は共同のドミトリーなので、入居率が低かったそうです。築10年で会社の方は全員退去して、11年目から私たちが入ることになりました」

ようやく練習環境が整い、長い低迷期から脱することに成功した。初出場から〝軌道〟に乗るまでに、実に9年もの歳月がかかったことになる。この間、箱根に出場できたのは、最初の2年を除けば第75回大会（99年）だけだった。低迷期を脱した中央学院大学は、その勢いで第79回大会（03年）を10位でフィニッシュ。初のシード権を獲得し、その後現在まで連続出場を継続している。

「第79回大会は非常に感慨深いものでした。シードを取るのはひとつの目標でしたし、学生にもそんな話をしていました。でも、正直シードは取れないと思っていたんです。エースの福山良祐（現・Ｈｏｎｄａ）だけでは無理だったんですけど、ふたつ下に中東亨介（現・ＳＵＢＡＲＵ）という選手がいて、このふたりが練習でも強烈なリーダーシップをとっていました。手ごたえはありましたが、メンバー10人を揃えるのがしんどかったんです。ただ福山の影響というのは非常に大きくて、花の2区で、常連校の選手たちを抜いて前に行ったときは、こみ上げるものが抑えきれなかったですね」

福山が2区で15位から7位に浮上。8人抜きの快走を見せると、チームは勢いに乗った。

終盤は大混戦となったが、アンカー魚崎裕司が10位で歓喜のゴールに飛び込んだ。それまでの3回は最後までタスキをつなげず、16位、12位、13位に終わっていたが、4年ぶりの出場でついにシード権を獲得。94年に初出場してから、10年目での快挙だった。

将来を見越して、余力を残す

川崎の指導方針は、他の駅伝強豪校と比べても独特だ。練習メニューにも、存分に川崎流のテイストが効いており、近年のトレーニング量はかなり少ない。

「昔のイメージが強くて、もの凄く距離を走っているように思われていますが、その反対です。インターバルなんてほとんどやりませんよ。1000メートルは3本ほどですから。朝練習も8000メートルとか、3キロコースを3周とかですね。ペースもキロ3分50秒が基本です。たぶん箱根駅伝に出る大学のなかで練習量は一番少ないくらいじゃないでしょうか」

駅伝強豪校なら1000メートルのインターバルなら8~10本ほど行うことが多く、3本というのは極端に少ない。これは潰滝大記などエース級も同じで、基本的に追い込むような練習はさせない。

「まず拒否反応を起こすような練習は意味がありませんし、私の考えとしては、全員が実業団でやってもらいたいと思っています。そのためには、ある程度余力を残さないといけません。長距離選手は〝消耗品〟ですからね。

ウチに来て練習がきついという子はほとんどいませんよ。最近の高校生は、凄い練習をやっていますからね。でも、その割には走れない。それは、やらされて嫌々やっているからだと思うんです。だったらラクにできて、最後は自分でペース上げるような練習のほうがいい」

具体的な練習メニューは、ジョッグとペース走が中心。ペース走の距離やペースは選手によって変えて行い、練習の意図もしっかり伝える。インターバルなどのスピードを上げる練習頻度は少なく、しかも本数をかなり絞っている。

「意外かもしれませんが、潰滝はスピードがないんですよ。最後までつかれて、ラストで負けるタイプです。昨季はそれで何回もやられているので、その前に勝てる練習をしようということで、今季は2000メートル＋800メートルという変則的なメニューをやらせました」

2000メートルはレース中盤の走りを意識して、プラスして行う800メートルはロングスパートをシミュレーションしているのだ。

潰滝は5月の関東インカレ（2部）で青山学院大学、駒澤大学の主力を相手に1万メートルと5000メートルで快勝。いずれも早めのスパートで抜け出して、長距離2冠を達成している。

ランニングフォームを指導する狙い

トレーニング量が少ない分、川崎は別のアプローチで選手たちを強化している。それはランニングフォームの指導だ。実は箱根駅伝の常連校ともなると、基本的に速い選手ばかりということもあり、フォームを細かく指導している指導者は少ない。

「効率の良いランニングフォームの習得と、効率の良い練習をするのが私のやり方です。フォームについては動画撮影をしますし、一人ひとり具体的にアドバイスしています」

ランニングフォームでいえば、潰滝の走りは高校時代、粗削りだった。しかし、その走りを見たときに川崎は大化けする可能性を感じたという。

「ハチャメチャなフォームでも強かった。フォームを修正すればもっと強くなるぞと思いましたね。私の勧誘はそういうところなんですよ。完成品よりも、指導したいと思う選手に声を掛けています」

川崎はスカウティングのポイントが明確なだけでなく、選手へのアタックもすばやい。

「私は早いうちから目をつけるようにしているんですよ。特に高校1年生をしっかりとチェックしています。まだ弱いときに、『君は強くなるよ』という話をしますね。それに来てくれた子は実際に強くなっていきます。1年生の森田智哉も強くなる前から勧誘しました。ただ、こういうやり方をしても、来てくれるのは3人にひとりぐらいですけど（笑）」

プロ野球でいうと〝ドラフト1位〟が確実なトップ選手には、「声を掛けるだけムダなので、余計なことはしません」と勧誘合戦には参加しない。川崎の感性で、選手を発掘して、育成しているのだ。ブランド校ではないチーム独自のマネジメントといえるだろう。

また中央学院大学には〝効率化〟を図るために行ったエピソードもおもしろい。全日本予選会の翌日に札幌ハーフに出場したり、合宿中にケガをしたら自費で帰らせるなど、スパルタのように思える指導も、きちんとした理由がある。

「一度も20キロ以上のレースを経験せずに箱根の予選会を迎えると厳しいと思うんです。

第91回大会（2015年）では往路は5位に入るが、復路で失速。最終的には8位だったが、シード権は確保した。
写真/月刊陸上競技

だったら、こんなキツイもんだっていうのを味わわせたほうがいい。それで札幌ハーフに行かせただけです。全日本の予選会を夕方に走って、翌日の昼に札幌でハーフを走るのは、強行だったかもしれないですけど、いろんな意味で精神的な鍛錬ができます。

合宿に関しては、選手からほとんど費用を徴収していません。大学の支援などでやっています。故障で走れないのに、合宿に参加するのは時間とお金のムダになりますから、走れないなら帰します。ケガだけでなく、練習ができない選手も帰しますよ。過去には1泊で帰った選手もいます。しかも北海道から。その選手は泣きながら帰っていきました」

Jリーグのような地域密着型スタイルを目指して

駅伝強豪校のなかでも、中央学院大学の応援は独特で熱狂的だ。箱根駅伝の際にはバスツアーが組まれ、大型バス7~8台に約300人が乗り込み、沿道から選手たちに大声援を送っている。

「我孫子市周辺の方は凄く応援してくれますね。練習で走っていると道を譲っていただきますし、『頑張って!』と声を掛けられることも少なくありません。大学関係者だけでなく、地域住民の方も応援してくれるようになりました」

この背景には、中央学院大学がコツコツと続けてきた地域への社会活動がある。

「お誘いをいただいたら、できるだけ行くようにしていますね。たとえば中学校から要請があれば、選手を連れて行き、ランニング教室などをやらせていただいています。また地域のロードレースでは、ゲストランナー的な感じで中学生のペースメーカーをすることもあります」

川崎は中央学院大学に赴任して以来、さまざまな人に助けられてきた。それは、川崎が人と人とのつながりを大切にしてきたからだろう。その教えを受けた中央学院大学の選手たちも地域に貢献し、たくさんの方たちに応援してもらっている。競技力を伸ばすだけでなく、人として大切なことも川崎は選手に教えてきた。

「5強」を崩すのは難しいことではない

第84回大会（08年）で最高順位の3位に食い込み、その翌年も5位と一時は強豪校の仲間入りを果たしたかに思えた。しかしその後はエース木原真佐人（現・カネボウ）の穴を埋めることができず、近年はシード権争いのレースが多い。それでも川崎は5強を崩すのは難しいことではないという。3位を記録した当時のチームを例に川崎はこう説明する。

「やっぱり2枚看板（木原&篠藤）が往路と復路に置けるくらい、あのときは戦力が充実していたんです。1万メートル29分20秒の松浦貴之を外したくらいですし、〝量〟が集まれば箱根は十分戦えるという感触はありました。

花の2区を走れるような選手がふたりいると、トップスリーは狙えると、いまでも思っています。前回の箱根は〝5強〟といわれていましたけど、上位候補の大学がすべてうまくいくわけではありません。こちらが失敗しなければ、〝5強〟を崩すのはそんなに難しいことではなかったといまでも思っています」

前回8位に入った中央学院大学は、今季も例年以上の戦力が整っている。まず潰滝大記という絶対的エースがパワーアップ。準エースには1万メートル28分台の自己ベストを持ち、箱根駅伝3区で2年連続4位と安定している塩谷桂大がいる。その他にも双子の海老澤剛・太や、4年生の山本拓巳など箱根経験者が計7人も揃っている。これらの戦力で、今季は全日本大学駅伝の関東学連選考会をトップで通過。堅実な走りとエース潰滝の爆発力で、圧巻のチーム力を見せつけている。

全日本の選考会は9枚のキップを目指して、1万メートルレース（4組）の合計タイムで争われるが、川崎の「1組目から上位にいるために、リスクの高い選手ふたりを同じ組に入れない」という采配が的中した。

リスク回避のマネジメントで、選考会初出場となる1年生の森田智哉、2年生の新井翔理と大森澪を同組の先輩が引っ張ることで、ポテンシャルを引き出した。ちなみに大森は3月の日本学生ハーフマラソンで、現役チーム最速となる1時間2分47秒をマークするなど急成長を見せている選手だ。下級生たちの頑張りで中央学院大学は終始3番以内につけ、最終組のエース潰滝が見事な大逆転を演じた。

日本大学のケニア人留学生、ダニエル・ムイバ・キトニーに食らいつき、1位は譲ったものの、後続に30秒以上の差をつける激走を見せたのだ。潰滝はその6日後、3000メートル障害で日本選手権を制する快挙を達成。2位には大学の先輩・篠藤が入り、中央学院大学勢がワン・ツーを占めたことになる。潰滝は世界選手権の参加標準タイム（8分28秒00）を狙い自ら攻め込むレースで会場を沸かせると、篠藤の持つ大学記録も塗り替える8分32秒89の好タイムをマークした。7月のユニバーシアード競技会にも日本代表として5000メートルと1万メートルに出場。5000メートルでは6位入賞を果たすなど、マルチな才能を発揮している。

大学として箱根駅伝を目指しつつ、卒業後の競技生活を考えた指導を貫いている川崎。今回の日本選手権のようにOBと現役、もしくはOB同士で日本のトップを争うようなことが今後も増えてくるだろう。

今年は川崎が赴任して30年目。エース潰滝を軸に戦力は充実している。チームは箱根駅伝で「5位以内」を目標に掲げているが、果たして結果はいかに——。

マネジメントの極意

- 少ない戦力を効果的に配置してチャンスをつくる
- 個性を生かしてエースに育てる
- 実績がなくても、強くなりそうな選手を勧誘する

第4章

「チーム」と「個」を輝かせるマネジメント

チームを強化するだけでなく、個人の目標も達成させたい。そんな究極の理想を追求した指揮官がいる。教え子たちがマラソンで“日の丸”をつけて活躍する元オリンピックランナーの米重修一（元・拓殖大学監督）、箱根路のヒーローで、名門・早稲田大学を率いて“駅伝3冠”を達成した渡辺康幸（現・住友電工監督）。選手としても大活躍したふたりのマネジメント術に迫る。

拓殖大学

TAKUSHOKU UNIVERSITY

恩師から学んだ"攻め"の指導。世界に羽ばたく人材を育てる方法

米重 修一
［拓殖大学　元・陸上部監督］

1961年、鹿児島県生まれ。中京商（現・中京高）3年時にエースとして全国高校駅伝優勝に貢献。大東文化大学では箱根駅伝に3回出場。4年生時にはユニバーシアード・エドモントン大会の10000mで金メダルに輝くと、第60回大会（84年）の箱根駅伝2区で区間賞を獲得した。大学卒業後は旭化成で活躍。1988年には5000mで13分22秒97の日本記録（当時）を樹立。同年のソウル五輪には5000mと10000mで出場した。1993年、拓殖大学の監督に就任。4年目の第73回大会（1997年）で同校を13年ぶりに箱根へ導くと、翌年の第74回大会では過去最高順位タイの8位に入った。体調を崩したこともあり2006年に監督を辞職。現在も拓殖大学工学部の准教授として体育を指導している。

「スピードの拓大」を築いた男

現在の拓殖大学は、第82回大会（06年）の箱根駅伝で亜細亜大学を優勝に導いた岡田正裕監督が指揮を執り、ロードに強い選手たちが中心のチームだ。スピードはないが、20キロ以上の距離で力を発揮。岡田は就任1年目の第87回大会（11年）で大学史上最高順位となる7位に大躍進させると、第90回大会（14年）でもシード権を獲得した。

しかし、岡田が監督に就任する15年ほど前、拓殖大学を〝箱根復帰〟に導いた男は、岡田とまったく逆のアプローチで箱根に挑み、トラックで世界を目指そうとしていた。結果だけを見ると、「成功」したとはいえないかもしれないが、米重修一は〝個性を輝かすマネジメント力〟を発揮した男として、陸上界で異彩を放っている。

なぜなら選手たちが大学卒業後に大活躍をするからだ。男子1500メートルの日本記録保持者、小林史和。12年ロンドン五輪男子マラソン代表の藤原新（現・ミキハウス）と中本健太郎（現・安川電機）は拓殖大学ＯＢだ。藤原や中本以外にも、高田千春（現・ＪＲ東日本）、伊藤太賀（現・スズキ浜松ＡＣ）、門田浩樹（現・カネボウ）などマラソンで活躍している選手は多い。

米重が拓殖大学の陸上部監督に就任したのは93年の春だ。拓殖大学は戦前から箱根駅伝に出場していた伝統校も、60年代と80年代にほぼ欠場の時代が続いていた。

そこに現役引退前の米重に監督としての声がかかる。米重は当時31歳で、93年元日の全日本実業団駅伝では5区で区間新記録をマークするだけの実力を誇っていた。

「前年の夏に拓殖大学からの話が来ているけどどうだ? と言われていたんです。僕はトラックでオリンピックに出場しましたが、マラソンでは自分のポテンシャルを出し切ってないのはわかっていましたし、年齢的にもまだできると思っていたんです。

かなり悩みましたが、拓殖大学は箱根駅伝に13年間も出場していない状況でしたから、『米重』という名前が効くときに行ったほうが、選手の勧誘に役立つのではないかと考えました。燃え尽きるまで現役をやりたかったという気持ちもありましたけれど、『走る』エネルギーを、『教える』というエネルギーに変えてみようかなと思ったんです」

全日本実業団駅伝で区間賞を獲得できる走力を持ちながらも、現役への未練をスパッと断ち切ることができる選手はほとんどいない。しかし、米重は選手としての気持ちよりも、自分の価値が高いうちに指導者に転身したほうが〝勝算〟は高いと考えて、新たな人生を進むことになる。

拓殖大学陸上部監督に就任後、4年目で箱根復帰を果たし、任期中に7度の箱根駅伝出場を数えた。その間に数々の選手を育成。先に名前を挙げた中本健太郎はロンドン五輪男子マラソン6位、モスクワ世界選手権同5位という戦績を残して、近年の男子マラソン選手のなかで最も世界で活躍している。

突っ込んで、耐える

米重は名門・中京商業高校（現・中京高校）の在学中に全国高校駅伝の優勝を経験。大東文化大学に進学後は、青葉昌幸（現・関東学生陸上競技連盟会長）の指導を受けて、学生長距離界のエースとして数々の伝説をつくってきた。3年時の第59回大会（83年）では、2区で日本体育大学・大塚正美とのデッドヒートを演じて、現在も箱根駅伝の名場面として多くのファンに刻まれる激走を見せている。

最初の5キロを13分48秒、10キロを28分35秒で通過するなど、時代背景を考えると、ハチャメチャともいえるハイペースで突っ込んだ。タイムは現在でも十分に通用する1時間

8分10秒。この積極走法は青葉監督から教わったものだという。

「大学1年生のときに食事当番をしていたら、ちょうど全日本実業団駅伝がテレビでやっていたんです。あの時代は1万メートル27分台がぞろぞろいて、瀬古利彦さん、宗猛さん、喜多秀樹さん、伊藤国光さん、鎌田俊明さんなど、凄い世代だったですね。みんな5キロを13分台で突っ込んで、そこから持ちこたえるようなレースをしていました。

それを見ていた青葉先生から『彼らがマラソンで世界の上位にいるのは、突っ込んで耐えるということを駅伝で経験しているんだ』ということを教わったんです。それから考え方が変わりましたね」

米重が在籍していた4年間、大東文化大学は箱根駅伝で優勝するようなチームではなかった。しかし、青葉は当時から「世界」という言葉をよく口にしていたという。そして、米重はチームでただひとりその教えを信じて、貫いた。

当時の箱根駅伝は、キロ3分10秒くらいのペースでも区間上位に入れるレベル。そのなかで10キロを28分35秒(キロ2分50秒ちょっと)で通過するのは、当時の学生駅伝の常識を逸脱した走りだった。ちなみに大学時代の米重のベストタイムは、5000メートルが14分10秒9で1万メートルが28分35秒5。トラックの自己記録を超えるタイムで突っ込んで、駅伝でも快走を見せた。

五輪で痛感した「スピード」が指導方針の原点に

米重は数々の栄光を打ち立ててきた。大学4年時（83年）のユニバーシアード（カナダ・エドモントン大会）は、初めて世界の舞台に立った場所だ。

1万メートルで金メダルを獲得しているが、この偉業は澤木啓祐（67年東京大会）、渡辺康幸（95年福岡大会）、大迫傑（11年中国・深セン大会）の4人しか達成していない。

ところがこの大会中に米重は、あるアクシデントに襲われることになる。それは大会期間中の練習で、湖の水を飲んだことが原因だった。

「ユニバーシアードは8月にあったんですけど、帰国してから40度オーバーの熱を出して、救急車で運ばれたんですよ。1カ月半も熱が下がらなくて、今季はダメだなと思いましたね。いろいろと検査しても原因がわからず、当時の新聞には『原因不明の風土病』と書かれました。それが最近になって原因が判明したんです。ユニバーシアード期間中に30キロ走をやったときに、自動販売機も水道もなくて、湖の水を飲んだんです。カナダ独特の鹿の糞かなんかの細菌で体調を崩しました」

10月までは点滴をしていたほどで、まったく練習ができなかった。箱根駅伝の出場も危ぶまれたが、米重は驚異的な速さで復帰を遂げる。12月にジョッグを開始して、翌月の箱根駅伝では花の2区で区間賞を獲得したのだ。

大学卒業後は長距離の名門・旭化成に入社。当時の旭化成はマラソングループとトラックグループに分かれており、米重は現・トヨタ自動車九州監督でバルセロナ五輪男子マラソンの銀メダリストである森下広一らとトラックグループでスピードを磨くことになる。

マラソングループは宗兄弟(茂・猛)、児玉泰介、谷口浩美など当時世界歴代上位の記録を持つ選手たちが、世界最高峰ともいえるトレーニングを行っていた。一方、トラックグループのトレーニングは確立されていなかった。

「走り込むことは徹底していたんですけど、いま思うと、スピードの部分が足りなかったかなと思いますね。僕のようなスピードタイプの選手は他にいなかったので、自分で練習メニューを工夫してつくりました。僕が引退するときには、『お前が旭化成のトラック練習を確立してくれて、本当にありがたいと思っているよ』と宗猛さんに言われたくらいです」

米重は88年に5000メートルで13分22秒97の日本記録（当時）を更新。同年のソウル五輪には5000メートルと1万メートルで出場した。そして、世界最高峰のレースで米重は衝撃を受けることになる。

ソウル五輪1万メートル決勝。トップ集団は3000メートルを8分08秒、5000メートルを13分29秒で通過したのだ。当時としてはかなりのハイペースで、日本人には想像を絶するスピードだった。

「あれには度肝を抜かされましたね。暑かったですけど、あのクラスになると暑さなんて関係ないんですよ。僕は3000メートルまで食らいつきましたけど、それで終わってしまいました。オリンピックを目指す、世界を目指す。そういうつもりでやってきましたが、いざ戦ってみると世界との差を思い知らされただけでした。あのオリンピックで、自分自身がこれまで積み上げてきたものは何だったんだろうかと思いましたね」

このソウル五輪の1万メートルで、世界と戦うには「スピードの強化」が必要不可欠であることを痛感。それが拓殖大学監督としての指導方針になったのだ。

〝世界〟を売りにしたスカウティング

絶望感を味わったソウル五輪の後にはマラソンにも挑戦した。90年には別府大分毎日マラソンで当時初マラソン日本最高の2時間12分00秒をマークしている。それでも、92年の夏に拓殖大学から監督のオファーが届き、米重は「指導者」としての道を歩むことを決断した。

就任当時は同好会以下のチームで、周囲から「箱根出場は無理だよ」と言われるほどだった。そんな状況から、米重はわずか4年で箱根駅伝への出場を達成してしまう。可能にしたのは、自らのネームバリューを最大限に使ったスカウティングだった。

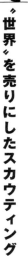

就任2年目には1年目に声をかけた久保健二、吉浦真一、松本剛、佐藤大輔といった有力選手の獲得に成功。翌年も東勝博、吉田行宏、高須則吉など好選手のスカウトを次々と成功させていく。

筆者は東、吉田、高須らと同学年だが、そのスカウティング術に驚いた。なぜなら、彼らほどの実力があれば、中央大学、法政大学、日本大学、専修大学など、箱根の伝統校でブランドもある大学にスポーツ推薦で入学することができたはずだからだ。米重はどのようにして有望選手を獲得していったのか。

「まずは高校時代の恩師である徳重義明先生の中京高校からエースの久保を預かることになったことと、あとは宮崎に拠点を置く旭化成にいたので、九州出身の吉浦や松本などを現役時代から知っていたことも大きいと思います。強い選手が来てくれて、『拓大は強くなるぞ』という雰囲気が高校生の間に広がったのではないでしょうか」

勧誘の際、米重は「箱根」という言葉を一切出さなかった。代わりに「世界」という言葉を前面に押し出してスカウトした。

「大学で陸上をやる以上、箱根を目指すのは当たり前です。でも、自分自身が経験したように、世界を目指すなかで箱根駅伝をやる。そういう指導をするよ、と選手たちには言ってきました。将来はトラックかマラソンで世界と戦える選手になる気があるのなら一緒に頑張ろう、と声をかけましたね。それが良かったと思います」

ただ、実際に監督になってみると、「スポーツ推薦」の条件がかなり高くて、最初から大学側と交渉することになった。

「拓殖大学は格闘技系の部活が強いこともあり、全国100位以内ではないと、スポーツ推薦で入学できなかったんです。陸上競技の場合は、記録で100位以内といっても1・2年生も含むわけで、3年生は60人くらいしかいません。仮に上位15校が4人ずつ選手を獲得するとしたら、それで60人になってしまいます。そんなところに箱根に出場してもいない大学が入る余地はありません。スポーツ推薦の条件には『団体』というのもあったので、それは駅伝での順位ということで理解していただくなど、さまざまな策を考えて選手を獲得しました。陸上部だけ特別待遇というのはなかったですからね」

就任4年目には、のちに1500メートルで日本記録を樹立する小林史和が入学。その年に大学としては13年ぶりとなる箱根駅伝出場を果たしている。小林の卒業と入れ違いで藤原新と高田千春が入学。1年後には中本健太郎と、卒業後にマラソンで花開くランナーが続々と入学した。

有力選手が集まるなか、米重は「世界」という大きな目標だけでなく、チームとしても詳細な目標を定めていた。

「駅伝に関して知名度がまったくなかったので、ステップバイステップで上がっていくしかないと思っていました。具体的には箱根駅伝には3年で出場しようと考えていたので、それはほぼ達成することができました。シード権を奪うところまでは順調でしたけれど、そのあとが続かなかったですね。ただスタートでうまくいったのは、スカウティングで成功したというのが大きかったと思います」

恩師の考えを引き継ぎ、飛躍させた

大東文化大学で青葉の教えを受けた米重は、自らの指導にも〝青葉理論〟を生かした。指導としての最大の特徴は、「脚筋力の強化」と「クロスカントリー走」だろう。

「青葉先生から学んだことはたくさんありますが、ひとつは脚筋力がないとダメだということですね。大東文化大学にはバウンディング、走高跳、立ち幅跳び、立ち三段跳び、前屈力など10種目のノルマがありました。その数値をクリアしないと、実家に帰省できないんですよ。要は脚筋力と柔軟性ですね。走るだけではなく、トータル的なカラダづくりをして世界を目指しなさい、という教えでした。あと青葉先生はクロスカントリー走にこだわっていましたね。大東文化大学はよく丘陵地帯を走っていたんですけど、あそこを利用しなさいと言われていました」

大東文化大学は「山の大東」とも呼ばれ、4年連続で5区区間賞を獲得した大久保初男に象徴されるように、〝山〟に強みを持っている選手を多く輩出してきた。米重は山区間を一度も走らなかったが、練習では上りも得意だったという。クロスカントリー走をやるなかで脚筋力を強化して、それをトラックや駅伝の走りにつなげていったのだ。

米重自身もクロスカントリー走にこだわったが、それは自身が現役時代に出場した世界クロスカントリー選手権での出来事も大きな理由のひとつだ。世界選手権の5000メートルで3位になったこともあるポルトガルの選手が練習でクロスカントリーコースを走っており、そのタイムに驚かされた。

「僕らが同じメニューをやってみたら意外なことに遅いんですよ。あれ〜、こんなの俺でもできると思って、モヤモヤした気持ちで帰国したんです。当時、インターバルは心肺機能を高めるためにやると思い込んでいましたが、向こうの人たちは〝かたち〟をつくるためにクロスカントリーコースでインターバルをやっていることがわかったんです」

他にもヘルシンキ世界選手権（83年）とロス五輪（84年）の1万メートルを制したアルベルト・コバ（イタリア）の背後にピタリと食いついてウォーミングアップしたことがあり、そのときも走りの常識を覆された。

「コバは僕と身長がほとんど変わらないですけど、ストライドの感覚が違うんですよ。日

第74回大会（1998年）では、1区の東勝博が区間2位の走りを見せた。
写真/月刊陸上競技

本人は脚で稼ぐのに、彼は肩甲骨をすごく柔らかく使って、腰だけで回転するような走りをする。こういう走り方があるんだということを知りました。ロス五輪の男子マラソンで金メダルを獲得したカルロス・ロペス（ポルトガル）にも通じていますが、腰をキュッと回転させながら走るわけですね。いまでいう『初動負荷』の動きなんですよ。彼らは当時からすでにやっていたことを、僕は現役を引退してから知りました」

現役時代にコバの走りを間近に見たことで、「練習はタイムではない」ことを知った米重は、「世界で戦うには骨格で走りなさい」と監督1年目から学生たちに言ってきた。拓殖大学でも〝世界規格〟の指導ができるように、就任当初はまず環境づくりから始めた。

「最初は国分寺に寮があって、重量挙げとバスケットボールと陸上部の3つが同じでした。そこは食事も良くなかったので、僕がつくっていたんです。それが2年続いたのかな。それに国分寺付近にはクロスカントリー走をやる場所がなくて苦労したので、寮を府中に移しました。

府中から野川公園までは片道7キロありましたけど、野川公園でクロスカントリー走をやっていましたね。あとは多摩川の土手の傾斜を利用して、8の字を描くような1周500メートルのコースを自分でつくりましたよ」

このクロスカントリーコースでの練習が、後に世界へ羽ばたく選手を生み出すこととなる。

「ポイント制」導入の米重流チームづくり

米重は自分自身が〝世界〟で経験してきたことを、選手指導に生かしてきたが、「チーム方針」としてあるルールを決めていた。

「チームとしては箱根駅伝が最大の目標になってきます。誰だってメンバーに入りたいという気持ちでいるので、選手選考には『ポイント制』を導入していました。あとは本番の10日前に最後の『リハーサル』をやることも決めていましたね。レースの前にある程度のピークを持ってきて、それから疲労を抜いて、本番に向かう。それをチームの約束事にしていたんです」

米重のいう「ポイント制」というのは、11～12月に出場したレースの結果(1番が10点、10番が1点という具合)、本番数週間前の強度を上げた練習などをポイント化。グラフにして選手たちにもわかるようにして、それでレギュラー候補を決定するというシステムだ。

そして、「リハーサル」は時差スタートでの単独16キロ走。同時スタートでは、誰かについていけばいいが、ひとりで走ることになる場合が多い駅伝を想定して、ひとりでどれだけ走れるかをチェックした。その走りを見て、箱根本番を走る10人を決めることになる。なるべく主観が入らないように、システマチック&可視化することで、選手たちをフラットに評価。同時に選手たちのモチベーションを高めるようにしたのだ。

「チームの約束事をあらかじめ決めておくことで、選手も安心して練習に打ち込めます。それがチームの信頼感にもつながっていくと思うんですよ。

本番の10日前にリハーサルをするのは、自分自身が旭化成時代にいろいろ試した結果なんです。一番結果が出たので、そのことも選手たちには説明しました。10日前の原則ですね。その後は、2日ジョッグで疲労を抜いて、距離走を入れる、最後のポイント練習は5キロ1本です。

とにかくお互いが信用し合えることがポイントです。

『この練習をやれば、絶対に走れる』という気持ちにさせられるか。

大丈夫かな？　というのと、絶対にできるんだ！　とでは、同じ練習をしても、結果はまるで違ってきますから。

だから選手たちを信用させる話術も大切ですよ。僕はその辺はあまりダメだった（笑）。口下手だったですから。でも、みんな僕のことを信じて、競技に取り組んでくれたので、それはありがたかったです」

ワールドクラスの選手を育てる秘訣

監督在任期間中、拓殖大学は箱根駅伝で1度しかシード権を獲得していない。ところが米重は小林史和、藤原新、中本健太郎といった世界大会に出場する逸材を育てている。彼らは在学中にどのようにして成長していったのだろうか。

米重は、「これは全員にいえることですが、クロスカントリー走をしっかりやろうと。そのなかで、動きづくりができれば、将来的には世界に通用する走りができるようになるからという教え方でした」と振り返る。

個々に目を移してみると、1500メートルで日本記録保持者となった小林は、入学時に中距離の実績がずば抜けていたわけではなかったが、「モノ（才能）はすごくあった」と米重はいう。

「小林に関しては、箱根駅伝を目指すチームの事情でどうしても長い距離をやる必要があったので、1500メートルを中心にすることはできませんでした。でも、将来は短い距離で勝負できたらおもしろいと思っていたんです」

NTNの監督をしていた愛敬重之が、小林と同級生の吉田和央という選手を勧誘しにきたときに、米重は小林の〝将来性〟を愛敬に説明した。

「愛敬君は3000メートル障害を極めた選手ですから、『君と小林が一緒に組んだらすごい選手になると思うよ』と話したんです。吉田は大学3年生のときには1万メートルで28分台のタイムを持っていましたし、駅伝を考えたら、どのチームも欲しい選手かもしれない。でも、愛敬君が持っているノウハウと、小林のポテンシャルを合わせたら絶対におもしろいと感じていました」

その後、小林はNTNに入社し、1500メートルの才能を開花させることになる。大学卒業時は3分49秒台でしかなかった1500メートルのベストを、4年間で12秒も短縮。3分37秒42の日本記録を樹立すると、07年の大阪世界選手権に日本代表として出場して、準決勝に進出している。

小林の才能を見抜き、そして最適なチームに送り込む。米重の〝才覚〟は見事というし

かないだろう。その抜群の嗅覚で、米重は小林の「山下り」の才能も察知している、

「長野の富士見高原にクロスカントリーコースがあるんですけど、下り坂でも足音のしない選手がいたんです。誰だろうと探すと、小林だったんですよ。姿かたちはよく見えても足音がするということは、どこかにブレーキをかけている証拠。だから、箱根駅伝の6区には足音のしない小林を使いたいと思っていました。

でも、本番が近づいてきても、小林は11番目の選手だったんですよ。それで、みんなにどうしても小林を山下り区間に起用したい。その理由を説明して、抜擢しました。1年生で区間6位でしたから、使って良かったですよね」

小林は4年連続で箱根を走り、3年時の4区を除いて3回山下りの6区を担当。区間賞こそなかったが、いずれも区間上位で好走している。

米重の教え子たちはマラソンでも世界へ羽ばたいた。12年ロンドン五輪の男子マラソン代表には、藤原新(現・ミキハウス)と中本健太郎(現・安川電機)が選出。わずか3枚しかない夢のキップを拓殖大学OBが2枚もゲットしたことになる。

藤原は諫早高校時代に5000メートルと1万メートルで当時長崎県高校記録を保持するなど、実績は十分あった。実績よりも実際の走りを見て選手を勧誘することの多い米重

だが、藤原に関しては実績でスカウトした。

「最初から強かったですよ。高校2年生のときに1万メートルを29分台で走っていましたけど、もっと大化けする可能性があると思いました。彼が高校3年生のときに初めて走っている姿を見たら、バタバタしているんです。聞くと、どちらかの脚が故障気味だったんですよ。筋力バランスが悪いから、上下動のある走りになるんだと思いましたね」

そこで活躍したのが、140万円もしたというレッグカールマシンだった。年間予算が合宿費を入れて350万円しかなかった就任1年目に「絶対に必要」とこだわって購入したアイテムだ。

「陸上選手は弱いほうの脚が故障することはまずないんですよ。実は強いほうだけが故障するんです。なぜかというと、強いほうの脚に頼った走りをしてしまい、過度な負担がかかるからです。両脚でレッグカールをやると強いほうだけがどんどん強化されて、余計にアンバランスになってしまいます。だから、レッグカールを片脚ずつ行い、選手たちには左右のバランスを整えさせました。

レッグカールは太腿の後ろ部分を強化するマシンです。太腿の前は地面を蹴る筋肉ですけど、後ろは衝撃を支える筋肉。支えられないと蹴ることもできません。腰が落ちたフォームになると、ドッコイショ、ドッコイショと筋力を使って走ることになりますが、腰高のフォームなら、無駄な筋力を使わずに推進力が出る。だからレッグカールが大事になってくるんですよ。

藤原に初めて会ったときに、君を見た感想はこうだ。ここを直すと故障が治るし、もっと速くなるという話をしたんです。そしたら、藤原は、『拓殖大学でやります！　将来は日の丸をつけます！』と言ってくれました」

藤原が入学した頃、チームは停滞期に入っており、自身は1年時（1区10位）と3年時（4区4位）の2度しか箱根を走っていない。2年時は予選会でチームトップ（個人総合7位）を飾りながらチームは敗退。4年時は主将を務めたが、箱根出場を決めることができなかった。

しかし、その後はマラソンで本領を発揮する。08年の東京マラソンで2時間08分40秒の日本人トップに輝くと、「無職ランナー」としても話題になった。12年の東京マラソンでは日本歴代8位の2時間7分48秒をマーク。そして、09年のベルリン世界選手権と12年のロンドン五輪では〝日の丸〟をつけて走っている。

藤原とは対照的に、高校・大学ではまったく目立つことがなかったのが中本健太郎だ。

高校時代は貧血もあり、実績はほとんどなかった。大学時代も箱根駅伝の出場は4年時の1度だけ。しかも、7区で区間16位と微妙な成績しか残せていない。ところが、米重は中本の秘めた才能を高く評価していた。

「僕が選手を見るときに一番注目していることは、踵の返しが速いかどうかです。バーンと蹴っても脚を巻かずに、素早く次のキックをすることができる選手を探しています。これは僕の持論ですけど、同じタイムを出すにしても、キックの返しが速い選手のほうが、将来性があるんですよ。なぜかというと、腰が上手に使えているからです。中本はそういう柔らかい走りをしていたんですよ」

実はスカウトに行ったとき、中本は地元の大学への進学が決まりかけていた。しかし、米重のことが特集された専門誌の記事を読んだ高校の先生が、「拓殖大学の米重監督なら、貧血のこともわかってくれるから、ちょっと考えてみたら?」と言ってくれたという。

予定していた進路を変更してまで拓殖大学に進学した中本だが、貧血が改善されずに、思うような結果を出せずにいた。それでも米重は、「同じ貧血持ちだから気持ちはわかる。焦らないでいいぞ」と声を掛け続けた。中本は目標を見失うことなく、コツコツと練習を続けて、最終学年でようやく箱根にたどり着いたのだ。

第74回大会（1998年）の総合順位は8位。19年ぶりのシード獲得となった。
写真/月刊陸上競技

そんな状況のため、実業団チームへの道は厳しかった。

米重は中本の才能を信じて、就職の道を探った。

「中本を獲ってくれた安川電機の井上文男（当時の監督）さんがいいんですよ。僕が『中本はマラソンで成功しますから獲ってください』とお願いしても、最初はダメだって言われたんです。でも、『貧血で長いこと潜伏しただけで、走りの柔らかさは僕が認めます。絶対に伸びますから、だまされてみらんですかー!?』と再度お願いをしにいくと、『米ちゃん、俺も同じ九州人ばい。あんたがそこまで言うんだったら、俺も一度だまされてみるよ』って（笑）」

米重の猛プッシュがなければ、ロンドン五輪（6位）、モスクワ世界選手権（5位）での2大会連続入賞という快挙は生まれなかっただろう。米重の存在は中本だけでなく、日本マラソン界にとっても〝救世主〟になった。

箱根駅伝での区間賞が多い理由

米重が指揮を執っていた時代の拓殖大学は、シード権獲得は1度だけにもかかわらず、区間賞が3つもあった。第75回大会（99年）の1区東勝博と7区吉田行宏。それから第77回大会（01年）の5区杉山祐太の3人だ。東と吉田に関しては本来2区を走る実力を持っているため驚きはなかったというが、杉山の場合は少し違う。米重いわく「陸上指導者として最高傑作」だと自画自賛するものだった。区間賞は走るシチュエーション、誰と走るかなど運の要素もあるが、5区杉山だけは絶対的な自信があったという。

「3月に多摩川でロード練習をした後の流しで、杉山らしくない『パタパタパタ』という足音がしたんですね。股関節で走るタイプなのに足音がするのはおかしい。これはタイミングがズレているなと感じました。それで、三村さんにシューズをつくってもらったら走りが変わったんです」

当時アシックスにいたシューズづくりの匠、三村仁司（現・M．Lab代表取締役兼アディダス専属アドバイザー）に頼み込み、別注シューズを作製してもらったのだ。

「まだ実績のない選手ですけど、僕の思うシューズをつくってもらったら化けると思うんです、と三村さんにお願いしました。具体的には、踵から爪先まで薄いゴムを張ったシューズをつくっていただいたんです。アーチのないフラットなシューズですね。それを杉山が履けば、体重移動したときに踵がパーンと返しやすくなる。そしたら俄然走りが変わりましたよ」

第77回大会（01年）の5区には、前年に区間賞を獲得している中央大学・藤原正和（現・Ｈｏｎｄａ）もいたが、1万メートルの自己ベストで藤原よりも1分近く遅かった杉山が見事な走りを披露した。米重の直感と新シューズ、それから杉山の上りの適性。すべてがかみ合って誕生した〝会心の区間賞〟だった。

指導方針の転換がマラソン選手の基礎を築いた

米重は拓殖大学監督に就任して4年目で箱根駅伝出場に導くと、その翌年度には全日本大学駅伝で5位。第74回大会（98年）の箱根駅伝では8位に食い込み、シード権を獲得した。その年も出雲駅伝で6位、全日本で3位に入るなど、スタートアップから5〜6年は順調だった。「世界」を見据えたスカウティングで好選手を次々と獲得。「レッグカール」と「クロスカントリー走」を積極的に取り入れて、バランスのとれた筋力と柔らかい走りを選手たちに養ってきた。

「僕が拓殖大学に来て最初にやったのは、選手たちを絶対に故障させないことでした。自分が旭化成時代に故障で悩んだので、故障予防のためにレッグカールマシンを購入しました。強いほうの脚が故障するという持論はいまでも間違ってないと思っていますし、そういったことを学生に教えることができたことは良かったです。クロスカントリー走も脚筋力を鍛えて長い距離を走る下地づくりに非常に効果的だったと思いますよ」

自分の指導法に手ごたえを感じていたが、その後の拓殖大学は徐々に戦力ダウンしていく。任期中に7度の箱根出場を果たしたものの、チームにはかつての勢いがなくなっていた。

「いま思うと、自分自身のココロの迷いが結果に出てしまったのかなと思います。もっと確証のあることを学生に言って指導できれば良かったですね。あとは、徐々にスカウト合戦で負けるようになったのが痛かった……」

当初はトラックのスピードにこだわってチームづくりをしていたが、気づけばロードタイプの選手ばかりになり、米重の指導も〝方向転換〟を余儀なくされたのだ。

「最初の数年間はスカウティングが成功して、スピードタイプの選手がどんどん集まったんです。その後は、箱根人気が過熱したこともあり、希望した選手を獲得できない状況が続きました。スピード型の選手がいなくなり、ロングタイプが中心になりましたね。そのときにいる選手の特性を伸ばす指導をするのが当たり前なので、途中からロードタイプの選手を育てる指導に変わりました」

米重の目指すチームづくりからは徐々に離れていき、駅伝でかつてほどのインパクトを残すことができなくなった。しかし、そのロードタイプの選手たちが大学卒業後に活躍するからおもしろい。1500メートルで日本記録を樹立した小林史和はスピード型チーム時代の代表選手。藤原新、高田千春、中本健太郎、門田浩樹などはロード型チーム時代に米重の指導を受けている。

「中本や門田などは大学時代に活躍することはできませんでした。でも、マラソンで活躍する選手は時間がかかるので、学生時代に長い距離を走るための土台はつくってあげられたかなという気はしています。

陸上を嫌いになって卒業した子がいなかったっていうのが僕の財産なんです。教え子たちは実業団でやりたいという子が多かったですし、その後も活躍してくれるのが僕の誇りでもありますね」

約13年間の監督生活で、米重が選手たちに伝えてきたことはたくさんある。駅伝では思うような結果を残すことはできなかったが、大学卒業後の選手たちの活躍を見ていると、米重の指導法は先鋭的だ。世界を肌で実感してきた米重ならではのマネジメントだったといえるだろう。

これからの箱根駅伝、日本の長距離界への危惧

米重は体調不良もあり、06年春に監督を退いた。現在は拓殖大学の工学部准教授として体育を教えている。陸上部の指導には携わっていない。箱根駅伝の世界を離れて、ずいぶん経とうとしているが、近年の学生長距離界をどのように見ているのだろうか。

「箱根駅伝のレベルはずいぶん上がりましたよ。でも、このなかから5000メートル12分台、1万メートル26分台という選手が出るのかなという心配はしています。箱根はそういう選手を育てる土壌であってほしいと思いますね。

できれば、僕の現役時代のように前半から突っ込ませるような選手がたくさん出てこないかな。僕が監督だったら、突っ込んでブレーキしても絶対に怒らないですよ。イーブンペースで行くような選手が大嫌いですから。そんな駅伝をやっていても将来につながりません。僕は監督として、失敗した例が多いんです。だからシード権をあまり取れなかったんですけどね(笑)」

堅実に走ることより、リスクを覚悟で攻め込んでいく。それが米重流であり、チーム順位の割に区間賞が多いというチームカラーにも表れている。それだけでなく、実業団で大きく成長した選手が多いのも、米重の指導理論、マネジメントの賜物だ。

今年で54歳になる米重は体調を崩した後に、大好きだったお酒を一切断った。それどころか、ある目標を掲げてランニングと筋トレで日々カラダを鍛えている。

「ベンチプレスで100キログラムを挙げて、フルマラソンで3時間切るというのは聞いたことがありません。医学的にもありえないようなんです。筋トレは勉強になるし、50代にもなってフルマラソンで3時間を切ることも勉強になります。自分が再び走ることによって、マラソンや箱根駅伝を見る目も変わってきますからね。周囲からは無理だと言われていますけれど、僕はベンチプレスで100キログラムを挙げたカラダで、フルマラソンを2時間台で走りますよ！」

新たなターゲットを見つけた米重はうれしそうに話してくれた。いまも独自の思想とチャレンジ精神は変わらない。箱根駅伝の存在価値や、チームづくりのマネジメントを語るうえでも、米重のような〝攻め〟の指導者から学ぶことはたくさんあると思う。

マネジメントの極意

- 箱根ではなく〝世界〟を視野に指導
- 選手時代の失敗を指導に生かす
- チームの決めごとが選手と指導者の信頼感になる

早稲田大学

WASEDA UNIVERSITY

箱根駅伝Vのための『組織』づくりと、世界を目指す『個』の育成

渡辺 康幸

［現・住友電工　陸上競技部監督／早稲田大学　前・駅伝監督］

1973年、千葉県出身。2年連続で全国高校駅伝1区を制すなど、市立船橋高校時代から世代のトップに君臨。早稲田大学では箱根駅伝のスター選手として注目を集めた。大学1年時に世界ジュニア10000mで銅メダル。大学4年時にはイェーテボリ世界選手権10000mに出場（12位）、ユニバーシアード福岡大会では10000mで金メダルを獲得した。大学卒業後はエスビー食品へ。1996年にアトランタ五輪10000mの代表を勝ち取るも、故障のため欠場した。度重なるケガに泣き、2002年に現役を引退。翌年に早稲田大学のコーチを務めると、2004年からは駅伝監督に就任。竹澤健介、大迫傑を世界大会の代表選手に育てる傍ら、2010年度には駅伝3冠を達成した。2015年4月からは住友電工陸上競技部監督を務めている。

監督を経験してわかった采配ミス

毎年、25パーセント以上の高視聴率を誇る箱根駅伝。渡辺康幸というスーパースターの登場が単なる関東ローカルの大会だった箱根駅伝を「人気コンテンツ」に引き上げたといっても過言ではないだろう。筆者は渡辺の3学年下だが、その走りはキラキラと輝いて見えた。

ひとことで言えば、漫画のヒーローのようだったのだ。絶対にミスはしない。それどころか、常に期待以上ともいえる快走を演じてきた。箱根駅伝は1年時で花の2区に起用されて区間2位、2年時は1区で当時区間新、3年時は2区で当時区間新、4年時も2区で1時間6分台をマークした。

渡辺の走りを知らない世代にわかりやすく説明するなら、4年間の活躍度は〝山の神〟と称された東洋大学・柏原竜二（現・富士通）に匹敵するくらいのインパクトがあった。しかし、当時の渡辺は箱根駅伝のことを強く意識していたわけではなかったという。

「僕が在学する頃から、箱根ブームが始まったと思うんですよ。2学年上に武井隆次さん、櫛部静二さん、花田勝彦さんという三羽烏がいて、彼らの影響を受けてワセダに入ったんです。当時は瀬古利彦さんがコーチにいらして、『箱根駅伝は通過点だ』ということをすごく言われていましたね。

箱根人気も近年ほどではなかったこともあり、僕たちの力の入れ方も100パーセントではありませんでした。春季サーキットや日本選手権などトラックでスピードを磨きながら箱根駅伝をやって、いずれはマラソンへ、という流れでしたから。ただ、駅伝はチームプレーなので、12月からは箱根に集中していき、1月2日、3日はチームのために頑張りましょう、という感じでしたね」

渡辺は大学2年まで瀬古利彦コーチ（現・DeNA総監督）から英才教育を受けて、箱根ではなく、〝世界〟で戦うための準備をしてきた。

「武井さん、櫛部さん、花田さんと僕はあの当時、箱根駅伝は本当に通過点だと思っていました。1月5日から東宮御所で40キロ走をやっていたぐらいですからね。いまは箱根が終ったら解散して、1月中旬の都道府県駅伝に合わせるような時代なので、感覚的にはずいぶん違いますよ。冬はマラソン練習をしながら、春先にはトラックで世界大会の標準記録を目指すんだという教えを瀬古さんから叩き込まれてきたんです」

あくまでも世界を目指すというスタンスのなかで、渡辺は箱根路でもヒーローになった。強力な先輩たちがいるなかで、1年生ながら〝花の2区〟に抜擢された。

「瀬古さんが走っているのは観ていないですけど、櫛部さんのブレーキがあったので、すごく難しい区間なんだろうなというのは高校時代から感じていました」

1時間8分48秒（区間2位）と好走するも、レース後には、「二度と走りたくない」と思うほど苦しめられた。それでも、当時の2区にはエースランナーたちを惹きつける〝魔力〟があった。

5区が現行の23・2キロメートルではなく、20・7キロメートルと短く、「エースは2区」というのが常識だった時代。そこは力と力がぶつかりあう真剣勝負の場所で、当時の学生ランナーからすれば〝聖域〟ともいえる特別なステージだった。箱根駅伝が近づくと、渡辺も「あのコースを克服したい」という気持ちが大きくなった。しかし、2年時は1区に起用された。

「僕らのときは、みんな2区をやりたがったんです。俺が、俺が、という時代でしたから。そのときは花田さんが2区を熱望していて、櫛部さんもやりたかったと思うんですけど、僕は『どこでも行きます』と言ったら1区になりました。でも、あのときは采配ミスだと思いますね。監督を経験して、わかりました。僕を1区に使ったことが敗因だと思います」

当時のワセダは一般受験組が4人ほどメンバーに入るなど、選手層の厚いチームではなかった。渡辺は優勝した前年のときのように主力選手をもっと散らすべきだったと主張する。

「僕が2区に入って、4区には絶好調の花田さんが控えていれば心強い。花田さんは前年、4区で当時の区間新をマークしていましたからね。そうすれば復路にも主力を温存できたでしょう。1区から逃げ切る作戦になって、僕が結局27秒しか離せずに、山梨学院大学がそこで乗ってしまいました。山のスペシャリストはいなかったので、4区までに離したいという作戦が裏目に出てしまったかなと思います」

選手目線ではわからなかったことも、監督を経験することで見えてくる。

自己管理ができる選手は一流

第70回大会（94年）に1区で当時、1時間1分13秒の区間記録を樹立した渡辺は、第71

回大会と第72回大会では再び2区に起用されて、〝神の領域〟に足を踏み入れる。3年時の記録は1時間6分48秒の区間新（当時）。4年時は1時間6分54秒。1時間6分台を記録した日本人選手はわずか3人で、2回も突入したのは渡辺ただひとりだ。同学年のライバルだった山梨学院大学のステファン・マヤカ（真也加ステファン）を2年連続で下して、区間賞も獲得している。

「大学3年時の1時間6分台は、2年間分の思いがあったのでうれしい気持ちがありました。2区は1年時にも経験しているので、どうやって走れば1時間7分を切れるのか、攻略のイメージもあったんです」

第71回大会は山梨学院大が1区で約2分も先行する展開。渡辺は見えないマヤカの背中を追いかけた。

「単独で追いかけて、レースをつくるので、気持ちで走った部分もありました。前半からある程度のペースで押していくと、20キロ手前できつくなって、カラダが動かなくなるんです。でも、トレーニングができていたので、スピードではなくスタミナで押し切ったという感じだったと思います」

トレーニング自体は大学4年時のほうが充実していたという。なぜなら、2月の東京国際マラソンの出場を予定していたからだ。40キロ走などマラソン練習をこなしながら、最後の箱根に挑んだ。

「当時は月間で1000キロは走り込んでいたと思います。マラソンを目指すなかでの箱根駅伝でした。大学3年時は箱根に合わせていっての1時間6分台でしたが、4年時は疲労が残るなか、ほとんど調整しないで1時間6分台だったので、自分でも評価できると思っています」

渡辺は2区で8人を抜き去り、トップで臙脂《えんじ》のタスキを戸塚中継所に届けた。自身が保持していた区間記録（当時）には6秒届かなかったものの、非常にサッパリとしていた。

「周囲はどう感じていたのかわかりませんけれど、大迫傑と一緒ですよ。箱根に対する思い入れはありましたが、その先を自分のなかで見ていたつもりなので、区間記録を更新できなくても、特に悔しいという気持ちはありませんでした」

学生時代の渡辺は、箱根駅伝だけでなく、ほとんどすべてのレースで周囲の期待に応えるような走りを披露してきた。速いだけでなく、強い。見るものをワクワクさせるような走りとでも言えばいいのか。筆者が見てきたなかで、渡辺康幸ほどの学生ランナーはいない。これだけ快走を重ねることができたのはなぜか。

渡辺は自分のカラダを理解しているからだと話す。

「自己管理ができる選手は一流で、ほとんどの選手はできないんです。試合当日に100パーセントの体調に合わせる方法は、自分だけしかわかりません。だから自分のカラダのことをよく知っておくことが必要です。ドンピシャに合わないときもありますが、こうしたら次はもっといい状態になるはずだということを毎回考えていくわけです。その積み重ねだと思います。

たとえば、試合の3日くらい前にピークが来てしまって、調子が落ちてきた状態で本番を迎えたら、次は調整の時期を3日遅らせるなどコンディショニングを考えました。食事の量も、僕は試合が近くなったら摂取カロリーは3割くらいカットしながら、炭水化物を多めに摂るようにしました。そういう部分は指導者に言われてやることではありません。自分で工夫しながら、とにかく自分のカラダのことを理解しようとしましたね」

箱根のヒーローがマラソンで成功できなかった理由

当時の男子マラソンは低迷期。渡辺が箱根駅伝で大活躍する姿を見て、多くのファンがマラソンでの成功を期待せずにはいられなかった。渡辺自身も、すでに世界を見据えたマラソントレーニングを続けてきて、アトランタ五輪の代表を狙っていた。しかし、箱根路のヒーローは、男子マラソン界の〝救世主〟になることはできなかった。

「いま思うと、マラソンを早くやりすぎましたね。もう少しトラックでスピードを磨いてからでも良かった。しかも、初マラソンは脚の状態が良くないなかで、スタートラインに立ってしまって……」

箱根が終わり、2月の東京国際マラソンへの出場を表明していた渡辺だが、故障で欠場することになる。

「僕は左アキレス腱を痛めて、その後に右のハムストリングスを痛めました。東洋大学の服部勇馬君も同じようなパターンでしたけれど、テレビ番組で特集まで組まれて、世間は期待するじゃないですか。そのなかで欠場するのは結構、勇気がいるんですよ」

前回（91回大会）の箱根駅伝2区で区間賞を獲得した服部勇馬（東洋大学）は2月の東京マラソンに出場する予定だったが、故障のため欠場した。一方第72回（96年）当時の渡辺は2月の東京国際マラソンを欠場。急遽行われた記者会見で、多くの報道陣の前で悔し涙を流した。そして、3月のびわ湖毎日マラソンに参戦することになる。その判断が〝運命の別れ道〟になった。

「無理してびわ湖に出たのがいけませんでしたね。いま振り返ると、そこは思い切って休むべきでした。その年はオリンピックイヤーで、アトランタ五輪代表がかかっていたのが僕にとってはマイナスでした」

周囲の期待と、絶対に世界を目指すんだという強い気持ち。ふたつの大きなエネルギーが天才ランナーの判断を鈍らせた。最後の箱根からマラソンへの強行出場。このときのダメージが後々まで響き、渡辺康幸という〝類まれな才能〟はつぶれてしまった。

結局、渡辺が国内のマラソンを完走したのは大学4年時のびわ湖だけ。結果は2時間12分39の7位だった。

予選会をトップで通過するためのメソッド

相次ぐ故障で本来の実力を出し切れないまま渡辺はシューズを脱ぐことになる。そして、03年に母校・早稲田大学のコーチに就任した（04年からは駅伝監督）。

「当時のワセダは一番低迷しているときです。エースはいないし、選手層も薄い。僕が大学に戻ってきた年は箱根で予選会をやって非常に苦しんだのを覚えています」

第80回大会は記念大会で、予選会も箱根で開催された。通常の20キロではなく、起伏のある16・3キロコースで行われた。早稲田大学は予選会を7位と苦しんで通過して、本戦も16位と振るわなかった。

選手として成功した人たちは、自分がやってきたことが正しいと錯覚してしまうことがある。渡辺も当初は、自分のやってきたスタイルで選手たちを指導した。しかも、箱根のスター選手には、〝凡人の感覚〟はわからなかった。

「当時は指導者と選手に温度差がありました。僕がもっていきたいチームのかたちと、本人たちがやるべき練習のバランスがとれていないんです。そういうときは、絶対にチームは強くなりません。

最初は自分が学生時代にやってきた練習をベースにしていました。でも、全然できなかったんです。本数を減らしてもできないので、設定ペースを下げようかなと思ったんですけど、結局、根本から変えました。まずは予選会仕様です。とにかくキロ3分ペースを徹底させるチームづくりを最初の2年間はやりましたね」

渡辺は選手たちに腕時計を外させて、ロードではキロ3分ペース。400メートルトラックでは1周72秒ペースを徹底させた。

「とにかくキロ3分というペースをカラダに刻ませて、カラダで覚えさせせましたよ。あとは、ゆっくり長く走る練習も重点的にやりました。典型的なメニューがトラックの2万メートル走ですね。僕が現役のときに1番嫌だった練習です。でも、意外なことに選手たちはそういう練習を喜んでやって、スピード練習を嫌がりましたね。個人的にはすごく恥ずかしいことだなと思いましたけど、それで予選会には強かったんです」

コーチ1年目は100パーセントの練習をやらせて失敗。2年目以降は練習量を落として、キロ3分ペースを意識させることで、予選会の好走につなげた。7位の後は、トップ、2位、トップで予選会を通過している。

「自分のなかでブレーキをかけながら練習スケジュールを立てました。というのも、指導者は練習をやらせたいんです。でも、本来やらせたいトレーニングの3割減くらいの練習スケジュール。ちょっと足りないかなというくらいで成功した。箱根の予選会に関しては絶対通るというメソッドが確立しましたね」

弱いからトレーニングの質や量を上げるのではなく、反対に落とすという手法で、渡辺は選手たちを強化した。指導者のエゴを捨て去り、とにかく選手のレベルにマッチするメニューを提供。現実を受け入れることで、結果を残した。

「僕は現実的な目標設定をさせる指導を心がけています。まずは手が届く範囲の目標を立てて、そこに向けての段階も細かく刻んで設定するんです。当時は上位10人の平均タイムでいえば、5000メートルが14分20秒台で、1万メートルが30分ちょっとでした。まずは1年間で5000メートルを10秒、1万メートルを20秒短縮するという目標を決めました。

夏合宿もただ走り込むのではなく、選手のレベルに応じて、Aチーム、Bチーム、Cチームと3つに分けたんです。Aチームのなかでも差があったので、さらに細かくグループ分けをして、強化しました。同じ練習をやらせたほうがラクなんですけど、そうすると強い選手は出てこないし、弱い選手はつけない。指導する側は面倒でもできるだけ細分化して練習に取り組みました」

竹澤健介の存在がチームを変えた

箱根駅伝の予選会では圧倒的な強さを見せた早稲田大学だが、本戦では苦戦が続いた。

第87回大会（2011年）で東洋大学との2強対決に競り勝ち、18年ぶりの総合優勝に輝いた。
写真/月刊陸上競技

渡辺が指揮官になって、16位、11位、13位と3年連続でシード権を逃したのだ。第81回大会（05年）の11位は、10区高岡弘が区間新の激走を見せながら、シード権まで22秒届かなかった。

「実はシード権を獲ることは、簡単だと思っていたんです。自分が学生時代は優勝と2位しか経験していないですし、個人でも3度の区間賞です。箱根駅伝の挫折は僕のなかにありませんでしたから。でも、結構奥が深いということを失敗することで知りましたね。指導者としては箱根で挫折させられました」

予選会は強いけど、本戦ではシード権を獲得できない。それが当時の早稲田大学というチームだった。駅伝で上位に入ることができなかった最大の理由はエースの不在。駅伝は流れが大切になるが、チームに勢いをつける選手がいなかったのだ。しかし、竹澤健介（現・住友電工）が入学したことで、チームは一気に進化することになる。竹澤は1年生のときから独特のオーラを見せていた。

「竹澤はストイックですからね。負け癖がついているチームのなかに、自分に厳しい選手が入ってきて、他の選手もどんどん変わっていきました。先輩に歯向かうわけではないですけど、そういう雰囲気は出していましたね。

彼と出会ったときに、僕は日の丸をつける選手になると感じました。それまでは箱根のシードが目標でしたけど、早稲田大学は世界を目指す選手を育てなければいけないという伝統が彼のおかげで蘇ったんです。

僕は瀬古さんの記録を超えたくて大学時代を過ごしてきて、1万メートルで学生記録を出しました。指導者になって、自分の記録を超える選手を育てたいという気持ちはありましたが、そういう選手に巡り合えて、指導者としてすごくラッキーでしたね」

竹澤は渡辺以来となる1年生で花の2区を任されると、2年時からはチームとは別メニューで〝英才教育〟が始まった。3年時の大阪世界選手権と4年時の北京五輪を明確なターゲットにして、大学時代から〝世界〟を目指したのだ。

竹澤は第83回大会（07年）の箱根駅伝2区で区間賞を獲得。エースの6人抜きで勢いに乗ったワセダは総合6位でフィニッシュして、5年ぶりにシード権を獲得した。その後、チームは常に優勝を争うチームに成長していくことになる。

「竹澤が2年生のときに、藤森憲秀（現・中国電力）、河野隼人、宮城普邦という4年生がいたんです。弱小チーム時代を知っている3人が、シード権を置き土産に残してくれたんですけど、彼らがチームに与えた影響も大きかったですね。ものすごく危機感を持っている3人でしたから」

当時のキャプテンだった藤森は、「優勝争いはお前に託した」という言葉を竹澤にかけて卒業していった。そこから、「組織として戦えるようになった」と渡辺は振り返る。

「世界」と「箱根」を目指すチーム戦略

竹澤健介の存在が渡辺の指導法とマネジメントを大きく変えることになる。エースは世界大会を目指して、チームは箱根の優勝を狙う、という方向性の異なるふたつの大きな目標を追いかける覚悟を決めたからだ。

チームとしては夏まで「個人」の目標を優先させた。竹澤は個別メニューでスピードを磨いて、07年大阪世界選手権と08年北京五輪で日本代表キップを獲得。渡辺は竹澤のレースに帯同した。渡辺が不在のときにチームを預かっていたのが、相楽豊コーチ（現・駅伝監督）だ。早稲田大学は〝分業制〟ともいうべき指導システムでチームを強化していった。

「昔の監督は、ただ練習スケジュールを立てるだけで良かったかもしれません。でも、いまの監督は選手指導、育成、教育、勧誘、それからチームマネジメントまで必要になってきます。監督ひとりではは大学生の指導はできません」

たとえば、後の夏合宿では渡辺がAチーム、相楽コーチがBチーム、駒野亮太コーチがCチームを担当。近くに宿泊した場合でも、同じ練習をすることもあるが、分業制で細かく指導した。

箱根駅伝の「山区間」に関しても、学生時代に5区と6区を経験している相楽コーチの担当だった。

「自分は経験もないので、箱根の山はよくわからない部分がありました。でも、平地以上に強化していかないと箱根では勝てない。そこで、経験者の相楽をコーチとして呼んだんです。選手たちが山を走る姿を彼と見て、いろいろと勉強させてもらいましたよ。落合博満さんが中日ドラゴンズの監督をされているときに、ピッチングのことはわからないので、森繁和コーチにすべて任せていましたが、それに近いかたちですね。候補選手の人選、本番の選手起用に関しても、相楽コーチに委ねました」

そのなかで誕生したのが、第84回大会（08年）の〝山〟完全制覇だった。5区駒野亮太が1時間18分12秒の好タイムで山を駆け上がり、5人抜き。12年ぶりに往路優勝を勝ち取った。そして、6区の加藤創大も区間賞を獲得している。チームは9区で駒澤大学に逆転を許して、総合2位だった。このときエース竹澤は3年生。2区ではなく、3区にまわり区間賞を獲得している。

「竹澤は脚の状態が良くなくて、2区を回避させました。夏までは個人を優先させてきて、大阪世界選手権もあって夏の走り込みが不足していた部分もあったんです。そういうことを考えると、スーパーエースがいるときは、総合優勝を狙うのは難しいといえるかもしれません」

竹澤は翌年も3区を任されて、区間新記録（当時）を樹立したが、脚の状態は万全でなかった。チームは2年連続の準優勝と、またしても総合優勝を逃している。

5区のビハインドを考えて1区で攻め込む

竹澤健介というエースの存在もあり、ワセダは名門の輝きを取り戻しつつあった。かつて渡辺が武井、櫛部、花田の三羽烏に影響を受けたように、有力高校生たちが竹澤に憧れ、早稲田大学競走部を志すようになったからだ。竹澤が最上級生を迎えたときには、前年のインターハイ5000メートルで日本人トップ3を占めた八木勇樹（現・旭化成）、三田裕介、中山卓也と、箱根駅伝に4年連続で出場することになる矢澤曜（現・日清食品グループ）が入学。渡辺は「そういう選手たちが大量に入学したので勝たないといけないと思いましたよ」と振り返る。

ただ、5区で快走した駒野が卒業した穴が大きかった。しかも、最大のライバルとなる東洋大学の1年生に〝山の神〟が潜んでいた。箱根山中で大量の選手を飲みこんだ怪物・柏原竜二に早稲田大学は信じられないほどの大差を逆転されてしまう。

「柏原君がいた4年間で、僕は監督車のなかで3回も抜かれているんです（笑）。山上りで抜かれる恐怖といったら本当に凄いですよ。特に1回目は4分57秒差をひっくり返されていますからね」

第85回大会（09年）は4区三田でトップを奪うも、ルーキーだった柏原に約5分差を逆転されて、首位から陥落。翌86回大会は柏原と同学年の八木を5区に起用するも、うまくいかなかった。柏原に追いつかれときに食らいついた八木が終盤にペースダウンして、優勝争いから脱落した。

どう考えても、「5区柏原」には敵わないと感じた渡辺は、5区のビハインドを考えた

〝新たな戦略〟で勝負に出ることになる。その作戦がハマったのが、第87回大会（11年）だ。2年連続で1区を好走してきた矢澤を3区にコンバートして、1区にはルーキーの大迫傑（現・NikeORPJT）を抜擢した。

「実は僕の思いつきでこうなったんです。最初は違いました。コーチは、『大迫は3区がいい』と言っていたんです。矢澤が1区で、大迫が3区というかたちですね。でも、そのオーダーでは勝てなかったと思います。矢澤は前半から逃げ切れるタイプではないので、大量リードは難しい。反対に11月の上尾ハーフを1時間1分47秒のジュニア日本記録で突っ走っている大迫を1区に置けば、他のチームは嫌だと思ったんですよ」

渡辺の読みはズバリ的中した。1区の大迫は序盤からハイペースでぶっ飛ばして、ライバル校を突き放す。最終的にはライバル・東洋大学から2分01秒というアドバンテージを奪うことに成功した。早稲田大学は2～4区もトップを悠々と駆け抜けて、5区の猪俣英希にタスキをつなぐ。東洋大学・柏原竜二とは2分54秒差だった。

5区の猪俣は柏原に「3分半から4分はやられる」と渡辺は計算していたが、箱根初出場の4年生が踏ん張った。柏原に逆転を許したとはいえ、粘りの走りで食らいつき、トップ東洋大と27秒差で往路のゴールに飛び込んだ。

早稲田大学は6区高野寛基でトップを奪い返すと、そのまま逃げ切り、総合優勝に輝いた。最後まで競り合った東洋大学とのタイム差はわずか21秒。箱根駅伝で史上最小差の勝利だった。このときは、駅伝3冠がかかっていたこともあり、「1区大迫」というカードを使ったが、駅伝ではイチかバチかの賭けはしないと渡辺は言う。

「特に箱根では、リスクのある選手は使いたくありません。区間トップもあるし、区間10何番もある選手ではなく、僕は確実に区間5位ぐらいで走ってくれる選手を起用しました」

第87回大会の優勝メンバーを見てみると、区間賞は1区の大迫だけ。しかし、復路の5区間は全員が区間3位以内で走るなど、安定感のある走りで、ライバル校を寄せ付けなかった。それにしても、10年シーズンの早稲田大学は神がかり的に強かった。出雲は14年ぶり、全日本は15年ぶり、箱根は17年ぶりの優勝。三大駅伝すべてを大会新（当時）で制している。

「この年は1年間のスケジュールもそうですけど、マイナス要素を探すのが難しいくらい完璧でしたね。スーパールーキーも加わり、チームのモチベーションも高かった。指導者としては、駅伝3冠のチャンスだと思っていましたよ」

しかし、久しぶりの歓喜に沸いた名門ワセダは足元をすくわれることになる。

「本当は八木、三田、矢澤らが4年生のときに3冠ができるのかなと思っていたんです。でも、3年生のときに達成してしまい、翌年はまったくダメでしたね。一気に3つ獲ってしまったので、春までチヤホヤされて、本格的な始動がなかなかできなかったんです。それは僕も一緒でした。

前半のトラックシーズンは中途半端。夏合宿ぐらいからようやく戦う集団になりましたけど、ワセダに21秒差で負けた東洋大学は、『1秒をけずりだせ』というスローガンのもと、1月4日の朝から練習をしていました。もうその差ですよ。

近年の箱根駅伝はメディアとの戦いもあります。監督と選手がいかに地に足をつけながら365日できるのか。優勝候補として注目を集めるなかで、勝つのは難しいことを実感しましたね」

駅伝3冠を達成した翌年度は出雲が3位、全日本は3位、箱根は4位。渡辺はチームをうまくマネジメントすることができなかった。そのなかで、2年生の大迫だけは違ったという。

「こういう雰囲気になるとよほど自分がしっかりしてないと走れません。でも、大迫は、自分で目標設定をして、きちんとトレーニングしていましたよ」

11年シーズン、大迫はユニバーシアード（中国・深セン大会）の1万メートルで金メダルを獲得。日本人としては渡辺以来16年ぶりの快挙を達成した。箱根駅伝でも1区で2年連続の区間賞を獲得している。

エース大迫傑のチャレンジを後押し

渡辺が母校の指揮を執っているときに、〝世界〟を明確な目標として取り組んでいたのが竹澤健介と大迫傑だ。特に大迫は、大学に入学したときから、「世界を目指す」という気持ちが強かった。その走りも魅力にあふれていた。

「大迫は走りの次元が違っていましたね。将来性を感じる走りをする選手は（日本で）3～5年にひとりぐらいいるんですけど、彼はそのタイプ。とにかく輝いて見えました。フィジカル的には弱い部分がありましたが、カラダの使い方、特に膝から下が良くて、彼は絶対に欲しいと思いました。本人は当初、実業団を希望していたんですけど、土壇場になって進学希望に変わり、ウチに来てくれたんです。

佐久長聖高校時代の両角速先生（現・東海大学駅伝監督）からも『これまで僕が育ててきた選手のなかでも、この選手はうまく育てれば絶対に大選手になる。渡辺君に預けるから』って言っていただいて、本当にその通りでしたね」

大迫は高校2年生のときに5000メートルで13分台をマークして、高校3年生の全国高校駅伝では1区で区間賞を獲得した選手。大学入学後は1年生から主力選手として活躍した。

「1年生のときは特別なことはさせていません。チームとして駅伝3冠が目標でしたし、大迫も練習環境や自分の可能性を把握していなかったので、様子見みたいなところはありました。

大学生は慣れてくる2年目、3年目に自分のカラーを出したがるんですけど、そこをどのようにコントロールするのか。力のある選手は鼻っ柱が強いので、それを1回ポキッとやったほうがいい選手と、そのまま伸ばしたほうがいい選手と分かれるんですけど、大迫は後者のタイプでしたね。本当に竹澤と大迫は手がかからなかった。反対に手がかかった選手は何人もいますけど（笑）」

かつての竹澤と同じように、大迫も2年生のときからチームとは別メニューで〝世界〟

を目指して、英才教育に入った。そして、2年生のときにユニバーシアードの1万メートルで金メダルを獲得する。3年生のときにはロンドン五輪、4年生のときはモスクワ世界選手権の〝日本代表〟を勝ち抜くための戦略を渡辺は考えた。

大迫は大学3年時には5月に1万メートルでロンドン五輪参加B標準記録を突破する27分56秒94をマークして、夢の舞台に急接近した。日本選手権で優勝すればロンドン五輪代表をつかむ可能性はあったが、日本選手権の1万メートルで佐久長聖高校の先輩にあたる佐藤悠基（日清食品グループ）に惜敗。わずか0・38秒差でオリンピック代表を逃した。

大学4年時には4月に1万メートルで日本人学生最高となる27分38秒31を叩き出して、モスクワ世界選手権の参加A標準記録をクリア。日本選手権1万メートルでは再び、佐藤に敗退したものの、キッチリと2位を確保して、今度は狙い通りに、モスクワ世界選手権の代表を勝ち取った。夏に「世界」を体感した大迫は、さらに上を目指す決意をする。それは渡辺にとっても〝覚悟〟のいる決断だった。

チームのエースでキャプテンでもあった大迫は11月下旬に、さらなるレベルアップを目指すために渡米。ロンドン五輪長距離2冠のモハメド・ファラー（英国）や、1万メートル26分台のゲーレン・ラップ（米国）ら世界の超一流選手が所属する「ナイキ・オレゴンプロジェクト」で約4週間のトレーニングを行ったのだ。

「大迫の望みを尊重しました。『箱根前の大切な時期に』という人もいて、賛否両論あったと思います。トラックで目標をクリアしましたし、僕は『駅伝でも爆走しろ』とは言えなかったですよ。大迫には竹澤以上に強くなりたいという欲があったんです。それを僕は感じていましたし、本気で世界と戦うためには突き抜けないといけません。僕も自分のなかでは突き抜けたと思っていたんですけど、僕以上に突き抜ける選手は初めてでした。

夏以降は、オレゴンプロジェクトの視察もしましたし、箱根の直前はチームと別行動でした。大迫はチームのキャプテンとしての役割を十分に果たすことはできなかったでしょう。竹澤のときの反省をして、別の選手をキャプテンに指名して、大迫は歯車のひとつというチームづくりができれば、もう少し戦えたのかなという気はしています。でも、彼は言ったことを必ずやる男ですし、日本の陸上界を考えたときに、大きく変えてくれる存在になるんじゃないかなと思っていましたね」

トラック練習が中心だった大迫は、最後の箱根となった第90回大会（14年）は1区で5位と振るわなかった。チームも総合4位に終わったものの、その後の大迫の進化を考えると、渡辺の判断は間違っていなかった。

大迫は今年3月に日清食品グループを退社。「プロ選手」として再スタートを切った。2年目となるナイキ・オレゴンプロジェクトでのトレーニングで、7月には5000メートルで13分08秒40の日本記録を樹立した。北京世界選手権の5000メートルにも出場して、決勝進出まであと一歩という走りを見せている。大迫の活躍は渡辺が大学時代に「個」を輝かせるマネジメント力を発揮した結果ともいえるだろう。

2020年東京五輪の代表選手を育てたい

渡辺は今年1月に箱根駅伝を〝卒業〟した。大学生の指導という現場を離れてみると、また違った〝モノ〟が見えてくるという。

「大学駅伝の監督としては駅伝3冠も達成しましたし、世界大会代表も送り出すことができました。最後の箱根駅伝で有終の美を飾ることができなかったことは満足していないですけど、ひととおり結果を残すことはできたのかなと自分では思っています。ただ振り返ると、駅伝3冠を達成してから、一度も勝つことができませんでした。そこが最終目標ではなかったはずですが、その後の指導は地に足がつかず、きちんとした目標設定ができなかった部分もあったと思います。チームの組織づくりの部分はまだまだでしたね。

個人を育てることと、組織を育てること。このふたつを同時進行でやるのは厳しいと思います。個人のレベルでいうと、本気でオリンピックや世界選手権の代表を育てるなら、駅伝と両立させるのは簡単ではありません。でも、名門大学の監督は、箱根駅伝の優勝を義務づけられているようなところがありますからね。どちらを優先するのか。それは監督しだいでしょうか。

竹澤や大迫が卒業したときは、チーム全体に危機感がでましたけど、そこまで目立たない柱が抜けたときは、後から効いてきましたね。個人的には平賀が抜けたことが、一番ダメージが大きかったですよ。彼は4年間安定した走りを見せてきましたし、彼の偉大さを知りました。箱根2区を1時間7分台で走れるし、単独走もできる。手はかからないし、頭もいい。練習も勝手にやってくれるんです。彼は理工学部だったので、平日の練習にはあまり出られません。ポイント練習の日も遅れてやってきて、ひとりでやるんです。しかも、設定通りに走る。朝練習も授業の関係で、ひとり早くから始めているんです。本当に頼りになる選手でした」

駅伝で勝負することを考えると、安定感のある走りを見せてきた平賀翔太（現・富士通）のような選手は非常に重要だったようだ。

渡辺は今年の4月からは住友電工陸上競技部監督として、新たなチャレンジを始めている。ほとんどの実業団チームは「駅伝」が最優先されるが、住友電工は駅伝よりも個人としての活動に重きが置かれるチーム。来年には有力選手の入社も予定されており、渡辺の新たなマネジメントに期待がかかる。

「早稲田大学の駅伝監督に就任した当初から、『個人』を育てたいという気持ちはありました。そのなかで、竹澤、大迫など日の丸をつける選手が出てきてくれましたが、学生ですから、私が指導できるのは4年間だけです。世界を目指すうえでは、18歳からの4年間では短すぎる。2020年東京五輪は、いまの大学生が主体になってくると思うので、次の世代を育成していきたい。駅伝ではなく、個人で勝負できる会社ですから、いい素材の選手にどんどん来てほしいですよ。走り込みをさせて、腰の落ちたフォームになってつぶれてしまうのではなく、本人にあった練習スケジュールを組むことができます。

将来的には、マラソンでいえば、福岡、東京、びわ湖と国内メジャーレースにはひとりずつ出していきたい。そして、ゆくゆくは海外の2時間4～5分台のレースで戦わせたいですね。私はマラソン選手を育てた実績はありませんし、いきなり2時間5分台はありえない。失敗と成功を繰り返しながら、まずは7分台、次に6分台。それから5分台と徐々に上を目指していくことになると思います。

実業団は大学と違って4年でいなくなるわけではありません。選手とディスカッションしながらきちんと綿密に計画を立てていって、最終的にはオリンピックや世界選手権で活躍できる選手を育てます！」

かつての箱根のヒーローは、自分が果たせなかった〝夢〟のかけらを集めて、今度は世界で勝負できるスケールの大きな選手を育成するつもりでいる。

大学1年生から箱根路を走った大迫傑。渡辺前監督は世界を視野に入れる大迫のチャレンジを後押しした。
写真/月刊陸上競技

マネジメントの極意

- 理想ではなく、現実的な目標設定を定める
- 練習を細分化することでさまざまなレベルの選手を伸ばす
- 個人の夢をかなえることで組織も輝く

おわりに

駅伝シーズン到来、新たなマネジメント術に注目！

２０１５年１月３日の13時25分29秒。フレッシュグリーンの襷が大手町のゴールに届けられ、筆者は〝新たな風〟を感じることになる。インタビューを受ける青山学院大学の選手たちに、これまでの箱根取材では接したことのない軽やかな印象を受けたからだ。

かつて「走る修行僧」と呼ばれていた瀬古利彦に象徴されるように、長距離走者は〝寡黙〟で〝孤独〟という印象が強かった。しかし、１年間に約１万キロという途方もない距離を走り込み、箱根路２１７・１キロをダントツトップで駆け抜けてきた者たちの笑顔は、その対極にあった。

そして、見事なマネジメント力を発揮した原晋監督にも驚かされた。ビジネスマンの手法を用いて、選手たちを育成。これまでの常識を覆すよう指導法で、青山学院大学に〝魔法〟をかけた。

箱根決戦が終わり、新チームがスタートした。新王者・青山学院大学の主将には5区で爆走した神野大地が就任。選手が主体となって決められた今季のテーマは、『その一瞬を楽しめ!』だ。なんともアオガクらしい言葉だろう。そして、「駅伝3冠」を目標に掲げた。2度の疲労骨折で今季出遅れていた神野は、8月6日からジョッグを開始。再び〝山の神〟に変身すべく、急ピッチで仕上げている。

この7年間で4度の箱根王者に輝いた東洋大学は、『1秒をけずりだせ』という言葉を胸に刻み、取り組んできた。「北風と太陽」ではないが、新旧王者のアプローチ方法はまったく異なる。正月に笑うのはどちらだろうか?

東洋大学の主将・服部勇馬は、箱根2区で区間賞を獲得した後、出場を予定していた2月の東京マラソンを故障のため欠場。それでも夏前から調子を上げてきて、7月には5000メートル(13分36秒76)と1万メートル(28分09秒02)で自己ベストをマークした。5年後の東京五輪を本気で目指すべく、今冬には学生駅伝と並行してマラソンにも挑戦する予定だ。

全日本大学駅伝で4連覇中の駒澤大学は今季から男子マラソンの前日本記録保持者である藤田敦史がコーチに就任。早稲田大学の駅伝監督を11年間務めた渡辺康幸は、箱根を〝卒業〟して、住友電工の監督として新たなステージに立った。

時代は少しずつ移り変わっていく。

今季の駅伝シーズンは10月12日の出雲で幕を開けた。神野を欠いた青山学院大学が駒澤大学とのアンカー決戦を制して、前評判通りの強さを見せている。箱根に関しても、前回王者が戦力的にはダントツだ。しかし、連覇の重圧がかかるなかで実力を発揮できるのか。アオガク・原監督の手腕が試されることになるだろう。

いずれにしても、今度の箱根駅伝もワクワクした展開になるはずだ。最後にはどんなクライマックスが待っているのか。そして、どんなマネジメント術が披露されるのか楽しみにしたい。

２０１５年10月　**酒井 政人**

	05〜06	06〜07	07〜08	08〜09	09〜10	10〜11	11〜12	12〜13	13〜14	14〜15	年
	出雲③	出雲④	出雲③	出雲ー	出雲ー	出雲②	出雲⑥	出雲ー	出雲③	出雲*	
	全日本⑤	全日本⑥	全日本②	全日本⑨	全日本ー	全日本⑦	全日本⑬	全日本④	全日本⑧	全日本⑪	日本体育大
	箱根⑨	箱根④	箱根⑫	箱根③	箱根⑨	箱根⑧	箱根⑲	箱根❶	箱根③	箱根⑮	
	出雲ー	出雲③	出雲⑥	出雲⑤	出雲③	出雲④	出雲❶	出雲②	出雲②	出雲*	
	全日本⑧	全日本⑧	全日本ー	全日本④	全日本②	全日本③	全日本②	全日本②	全日本②	全日本④	東洋大
	箱根⑩	箱根⑤	箱根⑩	箱根❶	箱根❶	箱根②	箱根❶	箱根②	箱根❶	箱根③	
	出雲ー	出雲ー	出雲ー	出雲ー	出雲ー	出雲⑪	出雲⑩	出雲❶	出雲⑤	出雲*	
	全日本ー	全日本ー	全日本ー	全日本ー	全日本⑮	全日本ー	全日本⑨	全日本ー	全日本⑥	全日本③	青山学院大
	箱根ー	箱根ー	箱根ー	箱根㉒	箱根⑧	箱根⑨	箱根⑤	箱根⑧	箱根⑤	箱根❶	
	出雲④	出雲⑤	出雲④	出雲②	出雲⑩	出雲③	出雲②	出雲⑤	出雲❶	出雲*	
	全日本③	全日本❶	全日本❶	全日本❶	全日本⑦	全日本②	全日本❶	全日本❶	全日本❶	全日本❶	駒澤大
	箱根⑤	箱根⑦	箱根❶	箱根⑬	箱根②	箱根③	箱根②	箱根③	箱根②	箱根②	
	出雲❶	出雲❶	出雲❶	出雲⑥	出雲ー	出雲ー	出雲④	出雲ー	出雲ー	出雲ー	
	全日本ー	全日本ー	全日本④	全日本⑫	全日本⑨	全日本⑤	全日本⑦	全日本⑫	全日本ー	全日本⑥	東海大
	箱根⑥	箱根③	箱根×	箱根⑱	箱根⑫	箱根④	箱根⑫	箱根ー	箱根⑬	箱根⑥	
	出雲⑪	出雲ー	出雲ー	出雲⑩	出雲⑪	出雲ー	出雲ー	出雲ー	出雲⑥	出雲ー	
	全日本⑨	全日本ー	全日本⑩	全日本⑤	全日本⑧	全日本ー	全日本ー	全日本ー	全日本⑪	全日本⑭	中央学院大
	箱根⑰	箱根⑬	箱根③	箱根⑤	箱根⑬	箱根⑯	箱根⑱	箱根⑩	箱根⑫	箱根⑧	
	出雲⑧	出雲⑧	出雲⑨	出雲⑫	出雲ー	出雲ー	出雲ー	出雲ー	出雲ー	出雲ー	
	全日本⑪	全日本⑦	全日本ー	全日本ー	全日本ー	全日本ー	全日本ー	全日本ー	全日本ー	全日本ー	亜細亜大
	箱根❶	箱根⑩	箱根⑤	箱根⑯	箱根⑳	箱根ー	箱根ー	箱根ー	箱根ー	箱根ー	
	出雲ー	出雲ー	出雲ー	出雲ー	出雲ー	出雲ー	出雲⑤	出雲ー	出雲ー	出雲*	
	全日本ー	全日本ー	全日本⑨	全日本ー	全日本ー	全日本ー	全日本ー	全日本ー	全日本ー	全日本ー	拓殖大
	箱根ー	箱根ー	箱根ー	箱根⑰	箱根ー	箱根⑦	箱根⑭	箱根ー	箱根⑨	箱根⑯	
	出雲ー	出雲ー	出雲⑩	出雲⑪	出雲④	出雲❶	出雲③	出雲⑥	出雲④	出雲*	
	全日本ー	全日本ー	全日本⑤	全日本②	全日本④	全日本❶	全日本③	全日本③	全日本④	全日本⑦	早稲田大
	箱根⑬	箱根⑥	箱根②	箱根②	箱根⑦	箱根❶	箱根④	箱根⑤	箱根④	箱根⑤	

▶本書に登場する9大学の大学三大駅伝の成績（過去20年）

年		95～96	96～97	97～98	98～99	99～00	00～01	01～02	02～03	03～04	04～05
日本体育大		出雲⑬	出雲⑨	出雲⑫	出雲ー	出雲ー	出雲ー	出雲ー	出雲ー	出雲⑨	出雲⑤
		全日本⑫	全日本ー	全日本ー	全日本ー	全日本ー	全日本ー	全日本ー	全日本ー	全日本⑤	全日本⑥
		箱根⑨	箱根⑩	箱根⑪	箱根⑫	箱根⑪	箱根⑪	箱根⑪	箱根⑨	箱根⑨	箱根②
東洋大		出雲⑫	出雲ー	出雲⑪	出雲⑫	出雲⑩	出雲ー	出雲ー	出雲ー	出雲⑧	出雲⑫
		全日本ー	全日本⑦	全日本ー	全日本ー	全日本ー	全日本ー	全日本ー	全日本⑤	全日本⑨	全日本ー
		箱根⑪	箱根⑦	箱根⑩	箱根⑨	箱根⑮	箱根ー	箱根ー	箱根⑥	箱根⑥	箱根⑬
青山学院大		出雲ー	出雲ー	出雲ー	出雲ー	出雲ー	出雲ー	出雲ー	出雲ー	出雲ー	出雲ー
		全日本ー	全日本ー	全日本ー	全日本ー	全日本ー	全日本ー	全日本ー	全日本ー	全日本ー	全日本ー
		箱根ー	箱根ー	箱根ー	箱根ー	箱根ー	箱根ー	箱根ー	箱根ー	箱根ー	箱根ー
駒澤大		出雲ー	出雲ー	出雲❶	出雲❶	出雲③	出雲③	出雲②	出雲③	出雲③	出雲②
		全日本ー	全日本⑧	全日本④	全日本❶	全日本❶	全日本②	全日本❶	全日本❶	全日本④	全日本❶
		箱根⑫	箱根⑥	箱根②	箱根②	箱根❶	箱根②	箱根❶	箱根❶	箱根❶	箱根❶
東海大		出雲⑦	出雲⑥	出雲⑨	出雲ー	出雲⑪	出雲⑪	出雲ー	出雲ー	出雲④	出雲④
		全日本⑨	全日本⑩	全日本⑨	全日本⑦	全日本⑦	全日本⑨	全日本ー	全日本⑩	全日本❶	全日本⑧
		箱根④	箱根⑧	箱根⑭	箱根⑤	箱根⑦	箱根×	箱根⑭	箱根⑦	箱根②	箱根⑥
中央学院大		出雲ー	出雲ー	出雲ー	出雲ー	出雲ー	出雲ー	出雲ー	出雲ー	出雲⑫	出雲ー
		全日本ー	全日本ー	全日本ー	全日本ー	全日本ー	全日本ー	全日本ー	全日本ー	全日本⑥	全日本⑬
		箱根ー	箱根ー	箱根ー	箱根⑬	箱根ー	箱根ー	箱根ー	箱根⑩	箱根⑪	箱根⑨
亜細亜大		出雲ー	出雲⑦	出雲ー	出雲ー	出雲ー	出雲ー	出雲ー	出雲⑧	出雲ー	出雲⑰
		全日本⑧	全日本⑥	全日本ー	全日本ー	全日本ー	全日本ー	全日本ー	全日本ー	全日本ー	全日本⑩
		箱根⑦	箱根⑫	箱根ー	箱根ー	箱根ー	箱根ー	箱根⑦	箱根⑰	箱根③	箱根⑦
拓殖大		出雲ー	出雲ー	出雲ー	出雲⑥	出雲ー	出雲ー	出雲ー	出雲ー	出雲ー	出雲ー
		全日本ー	全日本ー	全日本⑤	全日本③	全日本⑧	全日本⑭	全日本⑬	全日本ー	全日本⑪	全日本ー
		箱根ー	箱根⑬	箱根⑧	箱根⑪	箱根⑭	箱根⑫	箱根ー	箱根⑫	箱根ー	箱根⑲
早稲田大		出雲②	出雲❶	出雲⑥	出雲⑪	出雲⑯	出雲⑧	出雲⑮	出雲⑦	出雲ー	出雲ー
		全日本❶	全日本④	全日本③	全日本⑨	全日本⑨	全日本⑪	全日本⑥	全日本⑥	全日本×	全日本ー
		箱根②	箱根⑤	箱根⑥	箱根⑩	箱根⑥	箱根⑩	箱根③	箱根⑮	箱根⑯	箱根⑪

・年度ごとの表記で、出雲と全日本は前年、1月2・3日に開催される箱根駅伝は翌年になります。
・数字は順位で、「ー」は不出場、「×」は途中棄権。
・14年の出雲駅伝は台風の影響で中止したため、出場予定の大学は「＊」で表記しています。

[著者] 酒井 政人 MASATO SAKAI

スポーツライター。1977年、愛知県生まれ。「箱根」を目指して東京農業大学に進学。1年時に出雲駅伝5区、箱根駅伝10区出場（チームは総合8位）。2年時には日本インカレのハーフマラソンに出場した。故障で競技の夢をあきらめ、大学卒業後からライター活動を開始。現在は『Tarzan』『月刊陸上競技』『東洋経済オンライン』などに執筆中。ライター業のほかに、有限責任事業組合ゴールデンシューズの代表や、ランニングクラブ「Love Run Girls」のGMも務めている。著書に『箱根駅伝 襷をつなぐドラマ』（KADOKAWA）などがある。

[参考文献]『月刊陸上競技』（講談社）『箱根駅伝公式ガイドブック』（陸上競技社／講談社）『写真で見る箱根駅伝80年』（講談社）『箱根駅伝90回記念誌』（関東学生競技連盟）『箱根駅伝公式プログラム』『箱根駅伝予選会公式プログラム』

※本書における選手の所属チームは、2015年10月20日現在です

編集	滝川 昂（株式会社レッカ社）
編集協力	松田 佳代子
カバー・本文デザイン	山内 宏一郎（SAIWAI design）
カバーイラスト	宮原 葉月
DTPオペレーション	アワーズ
写真協力	株式会社陸上競技社

箱根駅伝監督
人とチームを育てる、勝利のマネジメント術

発行日　2015年11月19日　初版

著　者	酒井 政人
発行人	坪井 義哉
発行所	株式会社カンゼン 〒101-0021 東京都千代田区外神田2-7-1 開花ビル4F TEL 03（5295）7723　FAX 03（5295）7725 http://www.kanzen.jp/
郵便振替	00150-7-130339
印刷・製本	株式会社シナノ

©RECCA SHA 2015　ISBN 978-4-86255-326-3　Printed in Japan
定価はカバーに表示してあります。
本書に関するご意見、ご感想に関しましては、kanso@kanzen.jpまでEメールにてお寄せ下さい。お待ちしております。